# ARQUIVO
TEORIA E PRÁTICA

MARILENA LEITE PAES

# ARQUIVO
## TEORIA E PRÁTICA

3ª EDIÇÃO REVISTA E AMPLIADA

Fundação Getulio Vargas
Editora

ISBN — 85-225-0220-X

Copyright © 1997 Marilena Leite Paes

Direitos desta edição reservados à
EDITORA FGV
Rua Jornalista Orlando Dantas, 37
22231-010 — Rio de Janeiro, RJ — Brasil
Tels.: 0800-021-7777 — 21-3799-4427
Fax: 21-3799-4430
e-mail: editora@fgv.br — pedidoseditora@fgv.br
web site: www.editora.fgv.br

Impresso no Brasil / *Printed in Brazil*

Todos os direitos reservados. A reprodução não autorizada desta publicação, no todo ou em parte, constitui violação do copyright (Lei n° 9.610/98).

1ª edição — 1986; 2ª edição — 1991; 3ª edição rev. e ampl. — 1997; 1ª e 2ª reimpressões — 2002; 3ª reimpressão — 2004; 4ª e 5ª reimpressões — 2005; 6ª reimpressão — 2006; 7ª e 8ª reimpressões — 2007; 9ª e 10ª reimpressões — 2008; 11ª e 12ª reimpressões — 2009; 13ª reimpressão — 2010; 14ª reimpressão — 2011; 15ª, 16ª e 17ª reimpressões — 2012; 18ª, 19ª e 20ª reimpressões — 2013; 21ª e 22ª reimpressões — 2014; 23ª e 24ª reimpressões — 2015; 25ª reimpressão — 2017; 26ª reimpressão — 2019; 27ª reimpressão — 2021; 28ª reimpressão — 2024.

REVISÃO: Aleidis de Beltran e Fatima Caroni

EDITORAÇÃO ELETRÔNICA: Fatima Agra

CAPA: Tira linhas studio

Ficha catalográfica elaborada pela Biblioteca
Mario Henrique Simonsen/FGV

Paes, Marilena Leite
   Arquivo: teoria e prática / Marilena Leite Paes. — 3. ed. rev. ampl. — Rio de Janeiro : Editora FGV, 2004.

228p.

Inclui bibliografia e índice.

1. Arquivos e arquivamento (Documentos). I. Fundação Getulio Vargas. II. Título.

CDD — 651.53

Aos meus pais,
A Maria de Lourdes da Costa e Souza,
A Eloisa Riani,
Aos arquivistas brasileiros

"A essência da profissão de arquivista é manter útil a memória da instituição."

*Jorge Gustavo da Costa*

# SUMÁRIO

Apresentação da 3ª edição   *11*

Apresentação das 1ª e 2ª edições   *13*

*Capítulo 1* — Órgãos de documentação   *15*
    Arquivos, bibliotecas, museus   *15*
    Centros de documentação ou informação   *16*
    Paralelo entre biblioteca e arquivo   *17*

*Capítulo 2* — Introdução ao estudo dos arquivos   *19*
    Origem   *19*
    Conceito   *19*
    Finalidade   *20*
    Função   *20*
    Classificação   *20*
    Terminologia arquivística   *23*
    Tipos de arquivamento   *28*
    Classificação dos documentos   *29*
    Correspondência, sua classificação e caracterização   *31*

*Capítulo 3* — Organização e administração de arquivos   *35*
    Levantamento de dados   *35*
    Análise dos dados coletados   *36*
    Planejamento   *36*

*Capítulo 4* — Gestão de documentos    *53*

    Arquivos correntes    *54*
    Arquivos intermediários    *115*

*Capítulo 5* — Arquivos permanentes    *121*

    Atividades de arranjo    *122*
    Atividades de descrição e publicação    *126*
    Atividades de conservação    *141*
    Atividades de referência    *146*

*Capítulo 6* — Arquivos especiais    *147*

    Arquivo fotográfico    *148*
    Arquivo de fita magnética, filme e disco    *153*
    Arquivo de recorte de jornal    *154*
    Arquivo de catálogo impresso    *154*

*Capítulo 7* — As técnicas modernas a serviço dos arquivos    *155*

    Microfilmagem    *155*
    Tecnologia da informação    *157*

*Capítulo 8* — A política nacional de arquivos: Conselho Nacional de Arquivos; Sistema Nacional de Arquivos    *161*

*Anexo 1* — Exercícios    *165*

*Anexo 2* — Respostas    *183*

Bibliografia    *213*

Índice analítico    *221*

# APRESENTAÇÃO DA 3ª EDIÇÃO

A partir de 1986, quando foi publicada a 1ª edição deste manual, inúmeras inovações tecnológicas surgiram em decorrência da evolução da humanidade, com reflexos em todas as áreas da vida cotidiana do homem.

Tais avanços, porém, não invalidam os conhecimentos aqui transmitidos, por conterem eles fundamentos básicos para a utilização eficaz e adequada da moderna tecnologia da informação. É possível que em futuro não muito longínquo se tenha que reescrever e redefinir os conceitos e princípios arquivísticos até aqui adotados. Mas, o fato é que, no momento presente, ainda predominam os sistemas e metodologias convencionais.

Apesar disso, julgou-se oportuno introduzir algumas alterações no texto desta 3ª edição, com o objetivo de atualizar minimamente a matéria, não só para atender a algumas questões tecnológicas como para adequar à legislação recente alguns conceitos aqui formulados.

Assim, por exemplo, a destinação de documentos, abordada no capítulo sobre Arquivos Permanentes das edições anteriores, conforme preconizava até então Schellenberg, foi incluída no capítulo dedicado à Gestão de Documentos, em decorrência da ampliação do conceito de arquivos correntes, claramente definido na Lei nº 8.159, de 8-1-1991, que dispõe sobre a política nacional de arquivos.

Concluindo, deixo aqui meus agradecimentos a Helena Corrêa Machado, exemplar, competente e generosa profissional, pelas sugestões oportunas que contribuíram para o aprimoramento desta edição.

Rio de Janeiro, 1997

Marilena Leite Paes

# APRESENTAÇÃO DAS 1ª E 2ª EDIÇÕES

Com o objetivo de suprir a falta de publicação especializada em língua portuguesa, notadamente no caso de arquivos institucionais e empresariais, elaboramos, em 1969, o trabalho intitulado *O papel da arquivística na documentação*, editado pelo Instituto de Documentação da Fundação Getulio Vargas e impresso sob a forma de apostila, para uso dos alunos de seus cursos.

Reunindo conhecimentos colhidos em várias fontes bibliográficas, aquele modesto trabalho foi sendo enriquecido e atualizado bienalmente, com a descrição de novas técnicas, teorias e métodos, bem como com o resultado da vivência do dia-a-dia na busca de soluções adequadas para os problemas do mundo moderno.

A partir de 1972 o trabalho passou a ser publicado sob o título *Arquivo: teoria e prática*, título este cuja essência procuramos manter nestas edições por já estar consagrado junto aos interessados na matéria e por se tratar, na verdade, de uma ampla revisão e atualização dos trabalhos anteriores.

A transformação da apostila em livro surgiu da necessidade de atender às inúmeras solicitações dirigidas à Fundação Getulio Vargas pelas universidades mantenedoras de cursos de arquivologia, biblioteconomia e documentação, em geral, bem como de instituições técnicas e culturais, empresas etc.

Assim, considerando o objetivo deste livro, qual seja, o de introduzir os interessados no complexo labirinto das técnicas de arquivo, incluímos, nos anexos, exercícios seguidos de suas respectivas respostas, para habilitar o leitor a avaliar seus conhecimentos, após a leitura da matéria.

Na impossibilidade de mencionar todos os meus parentes, amigos, colegas e alunos, adotei nos exemplos e nos exercícios os nomes de apenas alguns deles como forma de expressar minha carinhosa homenagem a tantos quantos me têm ensinado e ajudado a viver e a servir melhor.

É de justiça registrar os nomes de Maria de Lourdes da Costa e Souza, Maria Luiza Dannemann, Regina Alves Vieira e José Pedro Esposel, dentre outros, cujos ensinamentos e troca de experiências inspiraram grande parte dos conceitos aqui emitidos.

Cabe-me ainda registar os melhores agradecimentos ao prof. Benedicto Silva, idealizador e diretor do Instituto de Documentação da Fundação Getulio Vargas desde sua criação, em 1967, até sua extinção em 1990, pelo estímulo e colaboração que possibilitaram o lançamento desta publicação.

A Terezinha de Jesus Santos, técnica de informação, que fez a revisão crítica e sugeriu uma série de alterações nas primeiras edições que, sem dúvida, muito contribuíram para a melhoria deste trabalho, minha gratidão toda especial.

A Eloisa Helena Riani, falecida em 18 de março de 1989, em pleno vigor de sua maturidade, profissional das mais competentes e amiga leal, que além de colaborar na redação deste texto tomou a si a tarefa de revisá-lo, meu carinho fraterno e meu emocionado muito obrigada, agradecimento este que estendo a Crésio Furtado de Mendonça, excepcional datilógrafo, pelo preparo dos originais.

Rio de Janeiro, 1991

Marilena Leite Paes

# Capítulo 1
# Órgãos de Documentação

## 1. Arquivos, bibliotecas, museus

A escrita é um conjunto de símbolos dos quais nos servimos para representar e fixar a linguagem falada.

Mas a escrita não é somente um procedimento destinado a fixar a palavra, um meio de expressão permanente; ela dá também acesso direto ao mundo das idéias. Não só reproduz bem a linguagem articulada, mas permite ainda apreender o pensamento, e o faz atravessar o tempo e o espaço.

O homem primitivo, tendo necessidade de um meio de expressão permanente, recorreu a uma engenhosa disposição de objetos simbólicos ou a sinais materiais (nós, entalhes, desenhos), que constituíram a base dos primeiros sistemas de escrita.

Esses sistemas, ainda rudimentares, evoluíram na medida em que os povos atingiam graus elevados de cultura ou absorviam o que havia de bom nas civilizações mais adiantadas com quem mantinham relações comerciais.

Foi um longo processo de transformação e simplificação até o homem atingir a perfeição da escrita fonética, isto é, a invenção do alfabeto.

Paralelamente à evolução da escrita, o homem aperfeiçoou também o material sobre o qual gravava seus sinais convencionais, alterando, como conseqüência, lenta e progressivamente, o aspecto dos "documentos", bem diferentes da forma pela qual hoje os conhecemos.

Logo que os povos passaram a um estágio de vida social mais organizado, os homens compreenderam o valor dos documentos e começaram a reunir, conservar e sistematizar os materiais em que fixavam, por escrito, o resultado de suas atividades políticas, sociais, econômicas, religiosas e até mesmo de suas vidas particulares. Surgiram, assim, os arquivos, destinados não só à guarda dos tesouros culturais da época, como também à proteção dos documentos que atestavam a legalidade de seus patrimônios, bem como daqueles que contavam a história de sua grandeza.

Em épocas remotas, no entanto, esses arquivos eram poucos, pois o suporte da escrita era o mármore, o cobre, o marfim, as tábuas, os tabletes de argila e outros materiais. Só mais tarde é que apareceram o papiro, o pergaminho e, finalmente, o papel, que tornou possível a reunião de grandes arquivos.

Durante muito tempo as noções de arquivo, biblioteca e museu se confundiram, não só pela finalidade e forma física dos documentos, mas também porque estas instituições tinham o mesmo objetivo. Na verdade, elas funcionavam como grandes depósitos de documentos, de qualquer espécie, produzidos pelo homem. Entretanto, a evolução histórica da humanidade, aliada a fatores culturais e tecnológicos como, por exemplo, o advento da imprensa, pouco a pouco forçou a delimitação dos campos de atuação de cada uma delas. Muito embora as três tenham a função de *guardar*, seus *objetivos* são diferentes, podendo ser assim definidos:

ARQUIVO — É a acumulação ordenada dos *documentos*, em sua maioria *textuais*, criados por uma instituição ou pessoa, no curso de sua atividade, e preservados para a consecução de seus objetivos, visando à utilidade que poderão oferecer no futuro.

BIBLIOTECA — É o conjunto de *material*, em sua maioria *impresso*, disposto ordenadamente para estudo, pesquisa e consulta.

MUSEU — É uma instituição de interesse público, criada com a finalidade de conservar, estudar e colocar à disposição do público conjuntos de *peças* e *objetos* de *valor cultural*.

Observa-se, então, que a finalidade das bibliotecas e dos museus é essencialmente cultural, enquanto a dos arquivos é primordialmente funcional, muito embora o valor cultural exista, uma vez que constituem a base fundamental para o conhecimento da história.

## 2. Centros de documentação ou informação

O surto de progresso científico e tecnológico desencadeado a partir do século XIX, a rápida mudança dos limites de vários campos do conhecimento e as diversas relações estabelecidas entre eles, o aparecimento de novas especializações e profissões, a criação de vários tipos de organizações, as atividades de pesquisa ultrapassando os muros das universidades e inúmeros outros fatores contribuíram significativamente para o aumento da complexidade dos documentos. Tais fatos geraram grande massa de informações e novos tipos físicos de documentos, como relatórios técnicos, teses, patentes, desenhos, fotografias, microfilmes, microfichas, filmes, diapositivos, discos, fitas magnéticas e, mais recentemente, os produtos dos sistemas de computador — disquetes, CD-ROM.

Esse constante crescimento qualitativo e quantitativo, também chamado de "explosão da informação", provocou a evolução e o aperfeiçoamento das técnicas de registro e análise dos documentos, "a fim de poupar ao estudioso a perda de tempo e o esforço inútil de, por carência de informações, resolver problemas já solucionados ou repetir experiências que foram testadas anteriormente" (Centro Interamericano de Pesquisa e Documentação em Formação Profissional, 1970).

Tal é a função dos centros de documentação ou informação, que abrangem algumas atividades próprias da biblioteconomia, da arquivística e da informática, sendo o seu campo bem maior, exigindo especialização no aproveitamento de documentos de toda espécie. Em síntese, o centro de informações tem por finalidade coligir, armazenar, classificar, selecionar e disseminar toda a informação. A "essência da documentação deixou de ser o documento, para ser a informação em si mesma" (Centro Interamericano de Pesquisa e Documentação em Formação Profissional, 1970).

O órgão de documentação varia na sua finalidade, de acordo com os propósitos fundamentais de sua criação. Trabalha com documentos, criando-os ou coletando-os, classificando-os, conservando-os ou divulgando-os.

De acordo com suas características físicas e a significação de seu conteúdo, os documentos devem receber tratamento distinto, adequado a cada caso.

## 3. Paralelo entre biblioteca e arquivo

Schellenberg (1959b), arquivista norte-americano, definiu os campos de atuação das bibliotecas e dos arquivos, estabelecendo um paralelo entre esses distintos órgãos de documentação. Suas características principais podem ser assim resumidas:

| BIBLIOTECA | ARQUIVO |
|---|---|
| *Gênero de documentos* ||
| Documentos impressos | Documentos textuais |
| Audiovisual | Audiovisual |
| Cartográfico | Cartográfico |

continuação

| | *Origem* |
|---|---|
| Os documentos são produzidos e conservados com objetivos culturais | Os documentos são produzidos e conservados com objetivos funcionais |

| | *Aquisição ou custódia* |
|---|---|
| Os documentos são colecionados de fontes diversas, adquiridos por compra ou doação | Os documentos não são objeto de coleção; provêm tão-só das atividades públicas ou privadas, servidas pelo arquivo |
| Os documentos existem em numerosos exemplares | Os documentos são produzidos num único exemplar ou em limitado número de cópias |
| A significação do acervo documental não depende da relação que os documentos tenham entre si | Há uma significação orgânica entre os documentos |

| | *Método de avaliação* |
|---|---|
| Aplica-se a unidades isoladas | Preserva-se a documentação referente a uma atividade, como um conjunto e não como unidades isoladas |
| O julgamento não tem caráter irrevogável | Os julgamentos são finais e irrevogáveis |
| O julgamento envolve questões de conveniência, e não de preservação ou perda total | A documentação não raro existe em via única |

| | *Método de classificação* |
|---|---|
| Utiliza métodos predeterminados | Estabelece classificação específica para cada instituição, ditada pelas suas particularidades |
| Exige conhecimento do sistema, do conteúdo e da significação dos documentos a classificar | Exige conhecimento da relação entre as unidades, a organização e o funcionamento dos órgãos |

| | *Método descritivo* |
|---|---|
| Aplica-se a unidades discriminadas | Aplica-se a conjuntos de documentos |
| As séries (anuários, periódicos etc.) são unidades isoladas para catalogação | As séries (órgãos e suas subdivisões, atividades funcionais ou grupos documentais da mesma espécie) são consideradas unidades para fins de descrição |

Concluindo, pode-se dizer que a biblioteconomia trata de documentos individuais e a arquivística, de conjuntos de documentos.

## Capítulo 2
# Introdução ao Estudo dos Arquivo

## 1. Origem

Há dúvidas quanto à origem do termo arquivo. Alguns afirmam ter surgido na antiga Grécia, com a denominação *arché*, atribuída ao palácio dos magistrados. Daí evoluiu para *archeion*, local de guarda e depósito dos documentos.

Ramiz Galvão (1909) o considera procedente de *archivum*, palavra de origem latina, que no sentido antigo identifica o lugar de guarda de documentos e outros títulos.

## 2. Conceito

As definições antigas acentuavam o aspecto legal dos arquivos, como depósitos de documentos e papéis de qualquer espécie, *tendo sempre relação com os direitos* das instituições ou indivíduos. Os documentos serviam apenas para estabelecer ou reivindicar direitos. Quando não atendiam mais a esta exigência, eram transferidos para museus e bibliotecas. Surgiu daí a idéia de *arquivo administrativo* e *arquivo histórico*.

Quanto à conceituação moderna, Solon Buck, ex-arquivista dos EUA — título que corresponde ao de diretor-geral de nosso Arquivo Nacional — assim o definiu: "Arquivo é o conjunto de documentos oficialmente produzidos e recebidos por um governo, organização ou firma, no decorrer de suas atividades, arquivados e conservados por si e seus sucessores para efeitos futuros" (Souza, 1950).

Desse conceito deduzimos três características básicas que distinguem os arquivos:

1. *Exclusividade de criação e recepção por uma repartição, firma ou instituição.* Não se considera arquivo uma coleção de manuscritos históricos, reunidos *por uma pessoa.*
2. *Origem no curso de suas atividades.* Os documentos devem servir de prova de transações realizadas.
3. *Caráter orgânico que liga o documento aos outros do mesmo conjunto.* Um documento, destacado de seu conjunto, do todo a que pertence, significa muito menos do que quando em conjunto.

O termo arquivo pode também ser usado para designar:
- conjunto de documentos;
- móvel para guarda de documentos;
- local onde o acervo documental deverá ser conservado;
- órgão governamental ou institucional cujo objetivo seja o de guardar e conservar a documentação;
- títulos de periódicos – geralmente no plural, devido à influência inglesa e francesa.

## 3. Finalidade

A principal finalidade dos arquivos é servir à administração, constituindo-se, com o decorrer do tempo, em base do conhecimento da história.

## 4. Função

A função básica do arquivo é tornar disponível as informações contidas no acervo documental sob sua guarda.

## 5. Classificação

Dependendo do aspecto sob o qual os arquivos são estudados, eles podem ser classificados segundo:
- as entidades mantenedoras;
- os estágios de sua evolução;
- a extensão de sua atuação;
- a natureza dos documentos.

## 5.1 Entidades mantenedoras

Em face das características das organizações, os arquivos por elas produzidos podem ser:

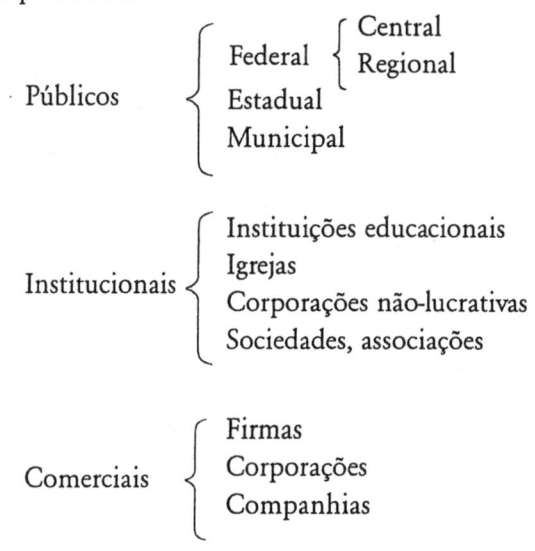

- Públicos
  - Federal
    - Central
    - Regional
  - Estadual
  - Municipal

- Institucionais
  - Instituições educacionais
  - Igrejas
  - Corporações não-lucrativas
  - Sociedades, associações

- Comerciais
  - Firmas
  - Corporações
  - Companhias

Familiais ou pessoais

## 5.2 Estágios de sua evolução

Para que os arquivos possam desempenhar suas funções, torna-se indispensável que os documentos estejam dispostos de forma a servir ao usuário com precisão e rapidez. A metodologia a ser adotada deverá atender às necessidades da instituição a que serve, como também a cada estágio de evolução por que passam os arquivos.

Essas fases são definidas por Jean-Jacques Valette (1973) como as três idades dos arquivos: corrente, intermediária e permanente.

1. *Arquivo de primeira idade ou corrente*, constituído de documentos em curso ou consultados freqüentemente, conservados nos escritórios ou nas repartições que os receberam e os produziram ou em dependências próximas de fácil acesso.
2. *Arquivo de segunda idade ou intermediário*, constituído de documentos que deixaram de ser freqüentemente consultados, mas cujos órgãos que os receberam e os produziram podem ainda solicitá-los, para tratar de assun-

tos idênticos ou retomar um problema novamente focalizado. Não há necessidade de serem conservados próximos aos escritórios. A permanência dos documentos nesses arquivos é transitória. Por isso, são também chamados de "limbo" ou "purgatório".

3. *Arquivo de terceira idade ou permanente*, constituído de documentos que perderam todo valor de natureza administrativa, que se conservam em razão de seu valor histórico ou documental e que constituem os meios de conhecer o passado e sua evolução. Estes são os arquivos propriamente ditos.

A cada uma dessas fases — que são complementares — corresponde uma maneira diferente de conservar e tratar os documentos e, conseqüentemente, uma organização adequada.

## 5.3 Extensão de sua atuação

Quanto à abrangência de sua atuação, os arquivos podem ser setoriais e gerais ou centrais.

Os *arquivos setoriais* são aqueles estabelecidos junto aos órgãos operacionais, cumprindo funções de arquivo corrente.

Os *arquivos gerais ou centrais* são os que se destinam a receber os documentos correntes provenientes dos diversos órgãos que integram a estrutura de uma instituição, centralizando, portanto, as atividades de arquivo corrente.

## 5.4 Natureza dos documentos

Sentindo que as noções dominantes de arquivo se confundiam ora com a forma física dos documentos, ora com sua finalidade, a comissão especial constituída durante o 1º Congresso Brasileiro de Arquivologia, realizado no Rio de Janeiro, em 1972, com a finalidade de propor o currículo mínimo do Curso Superior de Arquivo, houve por bem estabelecer e incluir no programa do curso dois novos conceitos de arquivo, que refletem características peculiares à natureza dos documentos. São eles: arquivo especial e arquivo especializado.

Chama-se de *arquivo especial* aquele que tem sob sua guarda documentos de formas físicas diversas — fotografias, discos, fitas, clichês, microformas, *slides*, disquetes, CD-ROM — e que, por esta razão, merecem tratamento especial não apenas no que se refere ao seu armazenamento, como também ao registro, acondicionamento, controle, conservação etc.

*Arquivo especializado* é o que tem sob sua custódia os documentos resultantes da experiência humana num campo específico, independentemente da forma física que apresentem, como, por exemplo, os arquivos médicos ou hospitalares, os arquivos de imprensa, os arquivos de engenharia e assim por diante. Esses arquivos são também chamados, impropriamente, de arquivos técnicos.

## 6. Terminologia arquivística

No vasto campo da ciência da informação, um dos aspectos que mais tem preocupado os profissionais da área é, sem dúvida, o estabelecimento de uma terminologia específica, capaz de atender a programas racionais de intercâmbio, disseminação e recuperação da informação.

Preocupada com o tema, a Associação dos Arquivistas Brasileiros (AAB) criou, em 1977, o Comitê de Terminologia Arquivística, que, após concluir o arrolamento da terminologia básica, definiu idéias e conceituou termos com o objetivo de dar continuidade aos estudos iniciados em 1972 — ampliando a terminologia já adotada em nosso país — e estabelecer um vocabulário uniforme para a elaboração de um glossário arquivístico, multilíngüe, patrocinado pelo Conselho Internacional de Arquivos e pela Unesco.

Em 1980, criou-se na Associação Brasileira de Normas Técnicas (ABNT) uma Comissão de Estudos de Arquivologia para tratar do assunto, juntamente com o grupo da AAB. A partir de então, inúmeras outras propostas de terminologia arquivística vêm sendo publicadas, sem, entretanto, a aprovação de qualquer órgão oficial.

O Conselho Nacional de Arquivos (Conarq), órgão vinculado ao Arquivo Nacional, criou uma Comissão Especial de Terminologia Arquivística para examinar as propostas existentes, definir e aprovar uma *terminologia arquivística brasileira*.

A seguir, são fornecidos os termos cuja conceituação vem sendo, em geral, adotada pela comunidade arquivística brasileira:

ACERVO — Conjunto dos documentos de um arquivo.

ACESSO — Possibilidades de consulta aos documentos de arquivos, as quais poderão variar em função de cláusulas restritivas.

ADMINISTRAÇÃO DE ARQUIVO — Direção, supervisão e coordenação das atividades administrativas e técnicas de uma instituição ou órgão arquivístico.

ADMINISTRAÇÃO DE DOCUMENTO — Metodologia de programas para controlar a criação, o uso, a normalização, a manutenção, a guarda, a proteção e a destinação de documentos.

ARQUIVAMENTO — Operação que consiste na guarda de documentos nos seus devidos lugares, em equipamentos que lhes forem próprios e de acordo com um sistema de ordenação previamente estabelecido.

ARQUIVISTA — Profissional de arquivo, de nível superior.

ARQUIVÍSTICA — Princípios e técnicas a serem observados na constituição, organização, desenvolvimento e utilização dos arquivos.

ARQUIVO — 1. Designação genérica de um conjunto de documentos produzidos e recebidos por uma pessoa física ou jurídica, pública ou privada, caracterizado pela natureza orgânica de sua acumulação e conservado por essas pessoas ou por seus sucessores, para fins de prova ou informação. De acordo com a natureza do suporte, o arquivo terá a qualificação respectiva, como, por exemplo: arquivo audiovisual, fotográfico, iconográfico, de microformas, informático. 2. O prédio ou uma de suas partes, onde são guardados os conjuntos arquivísticos. 3. Unidade administrativa cuja função é reunir, ordenar, guardar e dispor para uso conjuntos de documentos, segundo os princípios e técnicas arquivísticos. 4. Móvel destinado à guarda de documentos.

ARQUIVOLOGIA — Estudo, ciência e arte dos arquivos.

ARQUIVO CORRENTE — Conjunto de documentos em curso ou de uso freqüente. Também denominado arquivo de movimento.

ARQUIVO EM DEPÓSITO — Conjunto de documentos colocados sob a guarda de um arquivo permanente, embora não pertençam ao seu acervo.

ARQUIVO INTERMEDIÁRIO — Conjunto de documentos procedentes de arquivos correntes, que aguardam destinação final.

ARQUIVO PERMANENTE — Conjunto de documentos que são preservados, respeitada a destinação estabelecida, em decorrência de seu valor probatório e informativo.

ARQUIVO PRIVADO — Conjunto de documentos produzidos ou recebidos por instituições não-governamentais, famílias ou pessoas físicas, em decorrência de suas atividades específicas e que possuam uma relação orgânica perceptível através do processo de acumulação.

ARQUIVO PÚBLICO — 1. Conjunto de documentos produzidos ou recebidos por instituições governamentais de âmbito federal, estadual ou municipal, em decorrência de suas funções específicas administrativas, judiciárias ou legislativas. 2. Instituição arquivística franqueada ao público.

ARRANJO — 1. Processo que, na organização de arquivos permanentes, consiste na ordenação — estrutural ou funcional — dos documentos em fundos, na ordenação das séries dentro dos fundos e, se necessário, dos itens documentais dentro das séries. 2. Processo que, na organização de arquivos correntes, consiste em colocar ou distribuir os documentos numa seqüência alfabética, numérica ou alfanumérica, de acordo com o método de arquivamento previamente adotado. Também denominado classificação.

AUTÓGRAFO — 1. Assinatura ou rubrica. 2. Designação de documento manuscrito, do próprio punho do autor, esteja assinado ou não.

AVALIAÇÃO — Processo de análise da documentação de arquivos, visando a estabelecer sua destinação, de acordo com seus valores probatórios e informativos.

CATÁLOGO — Instrumento de pesquisa elaborado segundo um critério temático, cronológico, onomástico ou geográfico, incluindo todos os documentos pertencentes a um ou mais fundos, descritos de forma sumária ou pormenorizada.

CLASSIFICAÇÃO — Ver Arranjo, item 2.

COLEÇÃO — Conjunto de documentos, sem relação orgânica, aleatoriamente acumulados.

CÓPIA — 1. Reprodução de um documento, obtida simultaneamente à execução do original. 2. Reprodução de um documento, obtida a partir do original.

COPIADOR — 1. Livro contendo páginas em papel liso ou pautado, nas quais eram transcritas, em ordem cronológica, pelos próprios autores ou por copistas, cartas, ofícios e outros tipos de correspondência expedida. 2. Livro contendo folhas "em papel de trapos", nas quais se fazia a cópia de documentos expedidos, usando-se processo de transferência direta da tinta do original, mediante umidade e pressão. Esse processo foi muito usado no século XIX e começo do XX.

CORRESPONDÊNCIA — Comunicação escrita, recebida (passiva) ou expedida (ativa), apresentada sob várias formas (cartas, cartões postais, ofícios, memorandos, bilhetes, telegramas), podendo ser interna ou externa, oficial ou particular, ostensiva ou sigilosa.

DATAS-LIMITES — Elemento de identificação cronológica de uma unidade de arquivamento, em que são indicadas as datas de início e término do período abrangido.

DEPÓSITO — Ato pelo qual arquivos ou coleções são colocados, fisicamente, sob custódia de terceiros, sem que haja transferência da posse ou propriedade.

DESCARTE — Ver Eliminação.

DESCLASSIFICAÇÃO — Ato pelo qual a autoridade competente libera à consulta documentos anteriormente caracterizados como sigilosos.

DESCRIÇÃO — Processo intelectual de sintetizar elementos formais e conteúdo textual de unidades de arquivamento, adequando-os ao instrumento de pesquisa que se tem em vista produzir (inventário sumário ou analítico, guia etc.).

DESTINAÇÃO — Conjunto de operações que se seguem à fase de avaliação de documentos destinadas a promover sua guarda temporária ou permanente, sua eliminação ou sua microfilmagem.

DOAÇÃO — Ato pelo qual uma pessoa física ou jurídica transfere a terceiros — de livre vontade, com caráter irrevogável, sem retribuição pecuniária, através de instrumento jurídico adequado, do qual deverão constar as condições da cessão — a documentação que lhe pertence.

DOCUMENTO — Registro de uma informação independentemente da natureza do suporte que a contém.

DOCUMENTO DE ARQUIVO — 1. Aquele que, produzido e/ou recebido por uma instituição pública ou privada, no exercício de suas atividades, constitua elemento de prova ou de informação. 2. Aquele produzido e/ou recebido por pessoa física no decurso de sua existência.

DOCUMENTO OFICIAL — Aquele que, possuindo ou não valor legal, produz efeitos de ordem jurídica na comprovação de um fato.

DOCUMENTO PÚBLICO — Aquele produzido e recebido pelos órgãos do poder público, no desempenho de suas atividades.

DOCUMENTO SIGILOSO — Aquele que, pela natureza de seu conteúdo informativo, determina medidas especiais de proteção quanto a sua guarda e acesso ao público.

DOSSIÊ — Unidade de arquivamento, formada por documentos diversos, pertinentes a um determinado assunto ou pessoa.

ELIMINAÇÃO — Destruição de documentos julgados destituídos de valor para guarda permanente.

ESPÉCIE DE DOCUMENTOS — Designação dos documentos segundo seu aspecto formal: ata, carta, certidão, decreto, edital, ofício, relatório, requerimento, gravura, diapositivo, filme, planta, mapa etc.

FUNDO — 1. A principal unidade de arranjo estrutural nos arquivos permanentes, constituída dos documentos provenientes de uma mesma fonte geradora de arquivos. 2. A principal unidade de arranjo funcional nos arquivos permanentes, constituída dos documentos provenientes de mais de uma fonte geradora de arquivo reunidas pela semelhança de suas atividades, mantido o princípio da proveniência.

GÊNERO DE DOCUMENTOS — Designação dos documentos segundo o aspecto de sua representação nos diferentes suportes: textuais, audiovisuais, iconográficos e cartográficos.

Guia — Instrumento de pesquisa destinado à orientação dos usuários no conhecimento e utilização dos fundos que integram o acervo de um arquivo permanente.

Índice — Lista sistemática, pormenorizada, dos elementos do conteúdo de um documento ou grupo de documentos, disposta em determinada ordem para indicar e facilitar sua localização no texto.

Instrumento de pesquisa — Meio de disseminação e recuperação da informação utilizado pelos arquivos. São instrumentos de pesquisa, entre outros, catálogos, guias, índices, inventários, repertórios, tabelas de equivalência.

Inventário analítico — Instrumento de pesquisa no qual as unidades de arquivamento de um fundo ou de uma de suas divisões são identificadas e pormenorizadamente descritas.

Inventário sumário — Instrumento de pesquisa no qual as unidades de arquivamento de um fundo ou de uma de suas divisões são identificadas e brevemente descritas.

Item documental — A menor unidade arquivística materialmente indivisível.

Legado — Doação feita por declaração de última vontade.

Lista de eliminação — Relação de documentos específicos a serem eliminados, devidamente aprovada pela autoridade competente.

Notação — Elemento de identificação das unidades de arquivamento, constituída de números, letras, ou combinação de números e letras, que permite sua localização.

Processo — Termo geralmente usado na administração pública, para designar o conjunto de documentos, reunidos em capa especial, e que vão sendo organicamente acumulados no decurso de uma ação administrativa ou judiciária. O número de protocolo, que registra o primeiro documento com o qual o processo é aberto, repetido externamente na capa, é o elemento de controle e arquivamento do processo.

Protocolo — 1. Denominação geralmente atribuída a setores encarregados do recebimento, registro, distribuição e movimentação de documentos em curso. 2. Denominação atribuída ao próprio número de registro dado ao documento. 3. Livro de registro de documentos recebidos e/ou expedidos.

Proveniência — Princípio segundo o qual devem ser mantidos reunidos, num mesmo fundo, todos os documentos provenientes de uma mesma fonte geradora de arquivo. Corresponde à expressão francesa *respect des fonds*, e à inglesa *provenance*.

Recolhimento — Transferência de documentos dos arquivos intermediários para os permanentes.

Repertório — Instrumento de pesquisa no qual são descritos, pormenorizadamente, documentos previamente selecionados, pertencentes a um ou mais fundos, podendo ser elaborado segundo um critério temático, cronológico, onomástico ou geográfico.

Respect des fonds d'archives — Ver Proveniência.

Seleção — Ver Avaliação.

Série — Designação dada às subdivisões de um fundo, que refletem a natureza de sua composição, seja ela estrutural, funcional ou por espécie documental. As séries podem ser subdivididas em subséries.

Símbolo — Ver Notação.

Tabela de equivalência — Instrumento de pesquisa auxiliar que dá a equivalência de antigas notações para as novas que tenham sido adotadas, em decorrência de alterações no sistema de arranjo de um arquivo.

Tabela de temporalidade — Instrumento de destinação, aprovado pela autoridade competente, que determina os prazos em que os documentos devem ser mantidos nos arquivos correntes e intermediários, ou recolhidos aos arquivos permanentes, estabelecendo critérios para microfilmagem e eliminação.

Técnico de arquivo — Profissional de arquivo de nível médio.

Transferência — Passagem dos documentos dos arquivos correntes para os intermediários.

Triagem — Ver Avaliação.

Unidade de arquivamento — O menor conjunto de documentos, reunido de acordo com um critério de arranjo preestabelecido. Tais conjuntos, em geral, são denominados pastas, maços ou pacotilhas.

## 7. Tipos de arquivamento

A posição em que são dispostos fichas e documentos, e não a forma dos móveis, distinguirá os tipos de arquivamento. São eles: horizontal e vertical.

No tipo horizontal, os documentos ou fichas são colocados uns sobre os outros e arquivados em caixas, estantes ou escaninhos. O arquivamento horizontal é amplamente utilizado para plantas, mapas e desenhos, bem como nos arquivos permanentes. Seu uso é, entretanto, desaconselhável nos arquivos correntes, uma vez que para se consultar qualquer documento é necessário retirar os que se encontram sobre ele, o que dificulta a localização da informação.

No tipo vertical, os documentos ou fichas são dispostos uns atrás dos outros, permitindo sua rápida consulta, sem necessidade de manipular ou remover outros documentos ou fichas.

## 8. Classificação dos documentos

Conforme suas características, forma e conteúdo, os documentos podem ser classificados segundo o gênero e a natureza do assunto.

### 8.1 Gênero

Quanto ao gênero, os documentos podem ser:
- *escritos ou textuais:* documentos manuscritos, datilografados ou impressos;
- *cartográficos:* documentos em formatos e dimensões variáveis, contendo representações geográficas, arquitetônicas ou de engenharia (mapas, plantas, perfis);
- *iconográficos:* documentos em suportes sintéticos, em papel emulsionado ou não, contendo imagens estáticas (fotografias, diapositivos, desenhos, gravuras);
- *filmográficos:* documentos em películas cinematográficas e fitas magnéticas de imagem (*tapes*), conjugados ou não a trilhas sonoras, com bitolas e dimensões variáveis, contendo imagens em movimento (filmes e fitas videomagnéticas);
- *sonoros:* documentos com dimensões e rotações variáveis, contendo registros fonográficos (discos e fitas audiomagnéticas);
- *micrográficos:* documentos em suporte fílmico resultantes da microrreprodução de imagens, mediante utilização de técnicas específicas (rolo, microficha, jaqueta, cartão-janela);
- *informáticos:* documentos produzidos, tratados ou armazenados em computador (disquete, disco rígido – *winchester* –, disco óptico).

A documentação escrita ou textual apresenta inúmeros tipos físicos ou espécies documentais criados para produzir determinada ação específica, tais como: contratos, folhas de pagamento, livros de contas, requisições diversas, atas, relatórios, regimentos, regulamentos, editais, certidões, tabelas, questionários, correspondência e outros.

### 8.2 Natureza do assunto

Quanto à natureza do assunto os documentos podem ser ostensivos ou sigilosos.

A classificação de ostensivo é dada aos documentos cuja divulgação não prejudica a administração.

Consideram-se sigilosos os documentos que, por sua natureza, devam ser de conhecimento restrito e, portanto, requeiram medidas especiais de salvaguarda para sua custódia e divulgação. Pela sua importância, a matéria é objeto de legislação própria.

Segundo a necessidade do sigilo e quanto à extensão do meio em que pode circular, são quatro os graus de sigilo e as suas correspondentes categorias: ultra-secreto, secreto, confidencial e reservado.

A classificação de ultra-secreto é dada aos assuntos que requeiram excepcional grau de segurança e cujo teor ou características só devam ser do conhecimento de pessoas intimamente ligadas ao seu estudo ou manuseio.

São assuntos normalmente classificados como ultra-secretos aqueles da política governamental de alto nível e segredos de Estado, tais como: negociações para alianças políticas e militares, planos de guerra; descobertas e experiências científicas de valor excepcional, informações sobre política estrangeira de alto nível.

Consideram-se secretos os assuntos que requeiram alto grau de segurança e cujo teor ou características podem ser do conhecimento de pessoas que, sem estarem intimamente ligadas ao seu estudo ou manuseio, sejam autorizadas a deles tomar conhecimento, funcionalmente.

São assuntos geralmente classificados como secretos os referentes a planos, programas e medidas governamentais, os assuntos extraídos de matéria ultra-secreta que, sem comprometer o excepcional grau de sigilo da matéria original, necessitam de maior difusão, tais como: planos ou detalhes de operações militares; planos ou detalhes de operações econômicas ou financeiras; aperfeiçoamento em técnicas ou materiais já existentes; dados de elevado interesse sob aspectos físicos, políticos, econômicos, psicossociais e militares de países estrangeiros e meios de processos pelos quais foram obtidos; materiais criptográficos importantes que não tenham recebido classificação inferior.

A classificação de confidencial é dada aos assuntos que, embora não requeiram alto grau de segurança, seu conhecimento por pessoa não-autorizada pode ser prejudicial a um indivíduo ou criar embaraços administrativos.

São assuntos, em geral, classificados como confidenciais os referentes a pessoal, material, finanças e outros cujo sigilo deva ser mantido por interesse das partes, como por exemplo: informações sobre a atividade de pessoas e entidades, bem como suas respectivas fontes: radiofreqüência de importância especial ou aquelas que devam ser usualmente trocadas; cartas, fotografias aéreas e negativos que indiquem instalações consideradas importantes para a segurança nacional.

Reservados são os assuntos que não devam ser do conhecimento do público, em geral. Recebem essa classificação, entre outros, partes de planos, programas e projetos e as suas respectivas ordens de execução; cartas, fotografias aéreas e negativos que indiquem instalações importantes.

## 9. Correspondência, sua classificação e caracterização

Dentro do gênero de documentos escritos, a correspondência merece tratamento especial por se constituir numa parte considerável dos acervos arquivísticos, uma vez que as ações administrativas são, em geral, desencadeadas por seu intermédio.

A classificação e a caracterização da correspondência são dois fatores da maior importância no desenvolvimento das tarefas de registro e protocolo.

Mas, o que vem a ser, afinal, correspondência?

Considera-se correspondência toda e qualquer forma de comunicação escrita, produzida e destinada a pessoas jurídicas ou físicas, e vice-versa, bem como aquela que se processa entre órgãos e servidores de uma instituição.

Quanto ao destino e procedência pode-se classificar a correspondência em *externa* e *interna*.

Por *externa* entende-se aquela correspondência trocada entre uma instituição e outras entidades e/ou pessoas físicas, como ofícios, cartas, telegramas.

*Interna* é a correspondência trocada entre os órgãos de uma mesma instituição. São os memorandos, despachos, circulares.

A correspondência pode ser ainda *oficial* ou *particular*.

*Oficial* é aquela que trata de assunto de serviço ou de interesse específico das atividades de uma instituição.

*Particular* é a de interesse pessoal de servidores de uma instituição.

Quando a correspondência é encaminhada, em geral fechada, a uma instituição, há que se identificá-la por suas características externas, para que, se oficial, possa ser aberta, devidamente registrada e remetida ao destino correto.

Seguem-se alguns exemplos que servirão de subsídios na identificação da correspondência oficial. Os nomes e endereços utilizados são fictícios.

*Identificação da correspondência oficial*

❏ Envelope dirigido a uma instituição ou a qualquer de suas unidades ou subunidades:

À Companhia de Flores Tropicais
Rua Violeta, 213
23500 — Rio de Janeiro — RJ

Ao Departamento de Exportação
Companhia de Flores Tropicais
Rua Violeta, 213
23500 — Rio de Janeiro — RJ

- Envelope dirigido a uma instituição ou a qualquer de suas subunidades, mesmo contendo, em segundo plano, o nome do servidor, sem fazer menção ao cargo que exerce:

    Ao Departamento de Exportação
    Companhia de Flores Tropicais
    Dr. João Galvão
    Rua Violeta, 213
    23500 — Rio de Janeiro — RJ

- Envelope dirigido a servidor de uma instituição, contendo, em segundo plano, o cargo que exerce, mesmo que o nome do servidor não corresponda ao atual ou real titular do cargo:

    Dr. Hugo Figueiredo   (titular atual)
    Presidente da Companhia de Flores Tropicais
    Rua Violeta, 213
    23500 — Rio de Janeiro — RJ

    Dr. André Silva   (titular anterior)
    Presidente da Companhia de Flores Tropicais
    Rua Violeta, 213
    23500 — Rio de Janeiro — RJ

- Envelope dirigido aos titulares dos cargos, mesmo quando, em segundo plano, conste um nome que não seja o do real ou atual ocupante do cargo:

    Presidente da Companhia de Flores Tropicais
    Dr. Hugo Figueiredo   (titular atual)
    Rua Violeta, 213
    23500 — Rio de Janeiro — RJ

Presidente da Companhia de Flores Tropicais
Dr. André Silva   (titular anterior)
Rua Violeta, 213
23500 — Rio de Janeiro — RJ

É importante observar que a correspondência oficial, mesmo quando enquadrada em qualquer dos itens descritos, NÃO DEVERÁ SER ABERTA quando o envelope contiver as indicações de CONFIDENCIAL, RESERVADO, PARTICULAR ou equivalente.

# Capítulo 3
# Organização e Administração de Arquivos

A organização de arquivos, como de qualquer outro setor de uma instituição, pressupõe o desenvolvimento de várias etapas de trabalho. Estas fases se constituiriam em:

- levantamento de dados;
- análise dos dados coletados;
- planejamento;
- implantação e acompanhamento.

## 1. Levantamento de dados

Se arquivo é o conjunto de documentos recebidos e produzidos por uma entidade, seja ela pública ou privada, no decorrer de suas atividades, claro está que, sem o conhecimento dessa entidade – sua estrutura e alterações, seus objetivos e funcionamento – seria bastante difícil compreender e avaliar o verdadeiro significado de sua documentação.

O levantamento deve ter início pelo exame dos estatutos, regimentos, regulamentos, normas, organogramas e demais documentos constitutivos da instituição mantenedora do arquivo a ser complementado pela coleta de informações sobre sua documentação.

Assim sendo, é preciso analisar o gênero dos documentos (escritos ou textuais, cartográficos, iconográficos, informáticos etc.); as espécies de documentos mais freqüentes (cartas, faturas, relatórios, projetos, questionários etc.);

os modelos e formulários em uso; volume e estado de conservação do acervo; arranjo e classificação dos documentos (métodos de arquivamento adotados); existência de registros e protocolos (em fichas, em livro); média de arquivamentos diários; controle de empréstimo de documentos; processos adotados para conservação e reprodução de documentos; existência de normas de arquivo, manuais, códigos de classificação etc.

Além dessas informações, o arquivista deve acrescentar dados e referências sobre o pessoal encarregado do arquivo (número de pessoas, salários, nível de escolaridade, formação profissional), o equipamento (quantidade, modelos, estado de conservação), a localização física (extensão da área ocupada, condições de iluminação, umidade, estado de conservação das instalações, proteção contra incêndio), meios de comunicação disponíveis (telefones, fax).

## 2. Análise dos dados coletados

De posse de todos os dados mencionados no item anterior, o especialista estará habilitado a analisar objetivamente a real situação dos serviços de arquivo e a fazer seu diagnóstico para formular e propor as alterações e medidas mais indicadas, em cada caso, a serem adotadas no sistema a ser implantado.

Em síntese, trata-se de verificar se estrutura, atividades e documentação de uma instituição correspondem à sua realidade operacional. O diagnóstico seria, portanto, uma constatação dos pontos de atrito, de falhas ou lacunas existentes no complexo administrativo, enfim, das razões que impedem o funcionamento eficiente do arquivo.

## 3. Planejamento

Para que um arquivo, em todos os estágios de sua evolução (corrente, intermediário e permanente) possa cumprir seus objetivos, torna-se indispensável a formulação de um plano arquivístico que tenha em conta tanto as disposições legais quanto as necessidades da instituição a que pretende servir.

Para a elaboração desse plano devem ser considerados os seguintes elementos: posição do arquivo na estrutura da instituição, centralização ou descentralização e coordenação dos serviços de arquivo, escolha de métodos de arquivamento adequados, estabelecimento de normas de funcionamento, recursos humanos, escolha das instalações e do equipamento, constituição de arquivos intermediário e permanente, recursos financeiros.

## 3.1 Posição do arquivo na estrutura da instituição

Embora não se possa determinar, de forma generalizada, qual a melhor posição do órgão de arquivo na estrutura de uma instituição, recomenda-se que esta seja a mais elevada possível, isto é, que o arquivo seja subordinado a um órgão hierarquicamente superior, tendo em vista que irá atender a setores e funcionários de diferentes níveis de autoridade. A adoção desse critério evitará sérios problemas na área das relações humanas e das comunicações administrativas.

Se a instituição já contar com um órgão de documentação, este será, em princípio, o órgão mais adequado para acolher o arquivo, uma vez que a tendência moderna é reunir todos os órgãos que tenham como matéria-prima a informação.

Ao usuário não interessa *onde* se encontra armazenada a informação — numa biblioteca, numa memória de computador, num microfilme, ou num arquivo tradicional. Daí a importância da constituição de sistemas de informação, dos quais o arquivo deve participar, dotados de recursos técnicos e materiais adequados para atender à acelerada demanda de nossos tempos.

## 3.2 Centralização ou descentralização e coordenação dos serviços de arquivo

Ao se elaborar um plano de arquivo, um aspecto importante a ser definido diz respeito à centralização ou à descentralização dos serviços de arquivo em fase corrente. É importante esclarecer de imediato que a descentralização se aplica apenas à fase corrente dos arquivos. Em suas fases intermediária e permanente, os arquivos devem ser sempre centralizados, embora possam existir depósitos de documentos fisicamente separados.

### 3.2.1 Centralização

Por sistema centralizado de arquivos correntes entende-se não apenas a reunião da documentação em um único local, como também a concentração de todas as atividades de controle — recebimento, registro, distribuição, movimentação e expedição — de documentos de uso corrente em um único órgão da estrutura organizacional, freqüentemente designado como Protocolo e Arquivo, Comunicações e Arquivo, ou outra denominação similar.

Dentre as inúmeras e inegáveis vantagens que um sistema centralizado oferece, citam-se: treinamento mais eficiente do pessoal de arquivo, maiores possibilidades de padronização de normas e procedimentos, nítida delimitação de responsabilidades, constituição de conjuntos arquivísticos mais completos, redução dos custos operacionais, economia de espaço e equipamentos.

A despeito dessas vantagens, não se pode ignorar que uma centralização rígida seria desaconselhável e até mesmo desastrosa como no caso de uma instituição de âmbito nacional, em que algumas de suas unidades administrativas desenvolvem atividades praticamente autônomas ou específicas, ou ainda em que tais unidades estejam localizadas fisicamente distantes umas das outras, às vezes em áreas geográficas diferentes — agências, filiais, delegacias — carecendo, portanto, de arquivos próximos para que possam se desincumbir, com eficiência, de seus programas de trabalho.

### 3.2.2 Descentralização

Recomenda-se prudência ao aplicar esse sistema. Se a centralização rígida pode ser desastrosa, a descentralização excessiva surtirá efeitos iguais ou ainda piores.

O bom senso indica que a descentralização deve ser estabelecida levando-se em consideração as grandes áreas de atividades de uma instituição.

Suponha-se uma empresa estruturada em departamentos como Produção, Comercialização e Transportes, além dos órgãos de atividades-meio ou administrativos, e que cada um desses departamentos se desdobre em divisões e/ou seções. Uma vez constatada a necessidade da descentralização para facilitar o fluxo de informações, esta deverá ser aplicada em nível de departamento, isto é, deverá ser mantido um arquivo junto a cada departamento, onde estarão reunidos todos os documentos de sua área de atuação, incluindo os produzidos e recebidos pelas divisões e seções que o compõem. Para completar o sistema, deverá ser mantido também um arquivo para a documentação dos órgãos administrativos.

A descentralização dos arquivos correntes obedece basicamente a dois critérios:

- centralização das atividades de controle (protocolo) e descentralização dos arquivos;
- descentralização das atividades de controle (protocolo) e dos arquivos.

Quando se fala em atividades de controle está-se referindo àquelas exercidas em geral pelos órgãos de protocolo e comunicações, isto é: recebimento, registro, classificação, distribuição, movimentação e expedição dos documentos correntes.

*Centralização das atividades de controle (protocolo) descentralização dos arquivos*. Neste sistema, todo o controle da documentação é feito pelo órgão central de protocolo e comunicações, e os arquivos são localizados junto aos órgãos responsáveis pela execução de programas especiais ou funções específicas, ou ainda junto às unidades administrativas localizadas em áreas fisicamente distantes dos órgãos a que estão subordinadas.

Quando o volume de documentos é reduzido, cada órgão deverá designar um de seus funcionários para responder pelo arquivo entregue à sua guarda e por todas as operações de arquivamento decorrentes, tais como abertura de dossiês, controle de empréstimo, preparo para transferência etc.

Se a massa documental for muito grande, é aconselhável que o órgão conte com um ou mais arquivistas ou técnicos de arquivo em seu quadro de pessoal para responder pelos arquivos.

A esses arquivos descentralizados denomina-se *núcleos de arquivo* ou *arquivos setoriais*.

*Descentralização das atividades de controle (protocolo) e dos arquivos*. Este sistema só deverá ser adotado quando puder substituir com vantagens relevantes os sistemas centralizados tradicionais ou os parcialmente descentralizados.

O sistema consiste em descentralizar não somente os arquivos, como as demais atividades de controle já mencionadas anteriormente, isto é, os arquivos setoriais encarregar-se-ão, além do arquivamento propriamente dito, do registro, da classificação, da tramitação dos documentos etc.

Nesse caso, o órgão de protocolo e comunicações, que também deve integrar o sistema, funciona como agente de recepção e de expedição, mas apenas no que se refere à coleta e à distribuição da correspondência externa. Não raro, além dessas tarefas, passa a constituir-se em arquivo setorial da documentação administrativa da instituição.

A opção pela centralização ou descentralização não deve ser estabelecida ao sabor de caprichos individuais, mas fundamentada em rigorosos critérios técnicos, perfeito conhecimento da estrutura da instituição à qual o arquivo irá servir, suas atividades, seus tipos e volume de documentos, a localização física de suas unidades administrativas, suas disponibilidades em recursos humanos e financeiros, enfim, devem ser analisados todos os fatores que possibilitem a definição da melhor política a ser adotada.

### 3.2.3 Coordenação

Para que os sistemas descentralizados atinjam seus objetivos com rapidez, segurança e eficiência é imprescindível a criação de uma COORDENAÇÃO CENTRAL, tecnicamente planejada, que exercerá funções normativas, orientadoras e controladoras.

A coordenação terá por atribuições: prestar assistência técnica aos arquivos setoriais; estabelecer e fazer cumprir normas gerais de trabalho, de forma a manter a unidade de operação e eficiência do serviço dos arquivos setoriais; determinar normas específicas de operação, a fim de atender às peculiaridades de cada arquivo setorial; promover a organização ou reorganização dos arquivos setoriais, quando necessário; treinar e orientar pessoal destinado aos arquivos setoriais, tendo em vista a eficiência e a unidade de execução de serviço; promover reuniões periódicas com os encarregados dos arquivos setoriais para exame, debate e instruções sobre assunto de interesse do sistema de arquivos.

Essa coordenação poderá constituir-se em um órgão da administração ou ser exercida pelo arquivo permanente da entidade, pois toda instituição, seja qual for o sistema adotado para os seus arquivos correntes, deverá contar sempre com um arquivo permanente, centralizado, também chamado de arquivo de terceira idade.

Assim, tendo em vista que o acervo dos arquivos permanentes é constituído de documentos transferidos dos arquivos correntes (sejam eles setoriais ou centrais), justifica-se perfeitamente que a COORDENAÇÃO DO SISTEMA seja uma de suas principais atribuições, a fim de que os documentos, ao lhe serem entregues para guarda permanente, estejam ordenados e preservados dentro dos padrões técnicos de unidade e uniformidade exigidos pela arquivologia.

### 3.3 Escolha de métodos de arquivamento

A importância das etapas de levantamento e análise se faz sentir de modo marcante no momento em que o especialista escolhe os métodos de arquivamento a serem adotados no arranjo da documentação corrente.

Na verdade, dificilmente se emprega um único método, pois há documentos que devem ser ordenados pelo assunto, nome, local, data ou número.

Entretanto, com base na análise cuidadosa das atividades da instituição, aliada à observação de como os documentos são solicitados ao arquivo, é possível definir-se qual o *método principal* a ser adotado e quais os seus *auxiliares*. Exemplificando:

PATRIMÔNIO
    Brasília
    Rio de Janeiro
    São Paulo
PESSOAL
    ADMISSÃO
        Aguiar, Celso
        Bareta, Haydée
        Borges, Francisco
        Cardoso, Jurandir
        Castro, Lúcia
        Paes, Oswaldo
        Paiva, Ernesto
        Séllos, Zilda
        Silva, Ana Maria
    DEMISSÃO
    FOLHAS DE PAGAMENTO
        jan. a jul. de 1980
        ago. a dez. de 1980
        jan. a jul. de 1981
    PROMOÇÃO

Supondo-se que esse esquema tenha sido elaborado observando-se as considerações assinaladas anteriormente, verifica-se que o *arranjo principal* é por assunto. No assunto *Patrimônio* encontra-se um arranjo secundário, por localidade (geográfico). Já no assunto *Admissão* tem-se um arranjo secundário, em ordem alfabética, pelo nome dos funcionários. Em *Folhas de Pagamento* encontra-se um arranjo secundário, em ordem cronológica.

Como se vê, o método principal escolhido foi o de assuntos, coadjuvado pelos métodos geográfico, alfabético e numérico cronológico, como auxiliares.

Outras modalidades de arranjo podem ainda ocorrer.

Para melhor atender aos usuários de um banco de investimentos, por exemplo, a documentação pode ser separada em dois grandes grupos: o de projetos de financiamento — ordenados e arquivados pelo número de controle que lhes é atribuído ao darem entrada e que, daí por diante, irá lhes servir de referência — e o grupo constituído de todo o restante da documentação, ordenada por assuntos.

## 3.4 Estabelecimento de normas de funcionamento

Para que os trabalhos não sofram solução de continuidade e mantenham uniformidade de ação é imprescindível que sejam estabelecidas normas básicas de funcionamento não só do arquivo em seus diversos estágios de evolução, como também do protocolo, uma vez que esse serviço é, na maioria das vezes, desenvolvido paralelamente aos trabalhos de arquivo.

Tais normas, depois de aplicadas e aprovadas na fase de implantação, irão, juntamente com modelos e formulários, rotinas, códigos de assunto e índices, integrar o Manual de Arquivo da instituição.

Exemplos de rotinas ou normas de trabalho poderão ser encontrados no capítulo 4, dedicado à gestão de documentos.

## 3.5 Recursos humanos

### 3.5.1 Formação e regulamentação profissional

O arquivo possui, atualmente, importância capital em todos os ramos da atividade humana. No entanto, ainda é bastante comum a falta de conhecimentos técnicos por parte das pessoas encarregadas dos serviços de arquivamento, falta essa que irá influir, naturalmente, na vida da organização.

Teoricamente, o arquivamento de papéis é um serviço simples. Na prática, no entanto, essa simplicidade desaparece diante do volume de documentos e da diversidade de assuntos, surgindo dificuldades na classificação dos papéis.

Uma das vantagens da técnica de arquivo é capacitar os responsáveis pelo arquivamento para um perfeito trabalho de seleção dos documentos que fazem parte de um acervo, ou seja, separação dos papéis que possuem valor futuro, contendo informações valiosas, dos documentos inúteis.

Um serviço de arquivo bem organizado possui valor inestimável. É a memória viva da instituição, fonte e base de informações; oferece provas das atividades institucionais; aproveita experiências anteriores, o que evita a repetição, simplifica e racionaliza o trabalho.

Para que se atinjam esses objetivos, torna-se necessária a preparação de pessoal especializado nas técnicas de arquivo.

"Em questão de arquivo, a experiência não substitui a instrução, pois 10 anos de prática podem significar 10 anos de arquivamento errado e inútil", afirma a prof.ª Ignez B. C. D'Araújo.

Até a década de 70 a formação profissional dos arquivistas vinha sendo feita através de cursos especiais, ministrados pelo Arquivo Nacional, pela Fundação Getulio Vargas e por outras instituições.

O valor e a importância dos arquivos oficiais e empresariais, para a administração e para o conhecimento de nossa história, passou a ser também objeto de interesse do governo federal. Assim é que, a 6 de março de 1972, o Conselho Federal de Educação aprovou a criação do Curso Superior de Arquivos, e a 7 do mesmo mês aprovou o currículo do Curso de Arquivística como habilitação profissional no ensino de segundo grau. Em agosto de 1974, foi instituído o Curso Superior de Arquivologia, com duração de três anos e, em 4 de julho de 1978, foi sancionada a Lei nº 6.546, regulamentada pelo Decreto nº 82.590, de 6 de novembro do mesmo ano, que dispõe sobre a regulamentação das profissões de arquivista e técnico de arquivo.

### 3.5.2 Atributos

Para o bom desempenho das funções dos profissionais de arquivo, são necessárias, além de um perfeito conhecimento da organização da instituição em que se trabalha e dos sistemas de arquivamento, as seguintes características: saúde, habilidade em lidar com o público, espírito metódico, discernimento, paciência, imaginação, atenção, poder de análise e de crítica, poder de síntese, discrição, honestidade, espírito de equipe e entusiasmo pelo trabalho.

### *3.6 Escolha das instalações e equipamentos*

De igual importância para o bom desempenho das atividades de arquivo é a escolha do local adequado, quer pelas condições físicas que apresente — iluminação, limpeza, índices de umidade, temperatura —, quer pela extensão de sua área, capaz de conter o acervo e permitir ampliações futuras.

Michel Duchein, especialista em instalações de arquivos e inspetor-geral dos Arquivos da França, tem vários livros e artigos publicados sobre a matéria, os quais devem ser consultados por tantos quantos se defrontam com problemas de construção ou adaptação de locais destinados à guarda de documentos. A lista dessas publicações e de outras sobre a matéria encontra-se na bibliografia ao final deste volume.

Da mesma forma, a escolha apropriada do equipamento deverá merecer a atenção daqueles que estão envolvidos com a organização dos arquivos.

Considera-se equipamento o conjunto de materiais de consumo e permanente indispensáveis à realização do trabalho arquivístico.

## 3.6.1 Material de consumo

Material de consumo é aquele que sofre desgaste a curto ou médio prazos. São as fichas, as guias, as pastas, as tiras de inserção e outros.

FICHA — É um retângulo de cartolina, grande ou pequeno, liso ou pautado, onde se registra uma informação. As dimensões variam de acordo com as necessidades, podendo ser branca ou de cor.

GUIA DIVISÓRIA — É um retângulo de cartão resistente que serve para separar as partes ou seções dos arquivos ou fichários, reunindo em grupos as respectivas fichas ou pastas. Sua finalidade é facilitar a busca dos documentos e o seu rearquivamento.

No estudo das guias divisórias distinguem-se diversos elementos relacionados com sua finalidade e funções, conforme veremos em seguida.

PROJEÇÃO — É a saliência na parte superior da guia. Pode ser recortada no próprio cartão, ou nele ser aplicada, sendo então de celulóide ou de metal.

A abertura na projeção que recebe a tira de inserção chama-se *janela*.

PÉ — É a saliência, na parte inferior da guia, onde há um orifício chamado *ilhó*. Por esse orifício passa uma vareta que prende as guias à gaveta (figura 1).

Figura 1

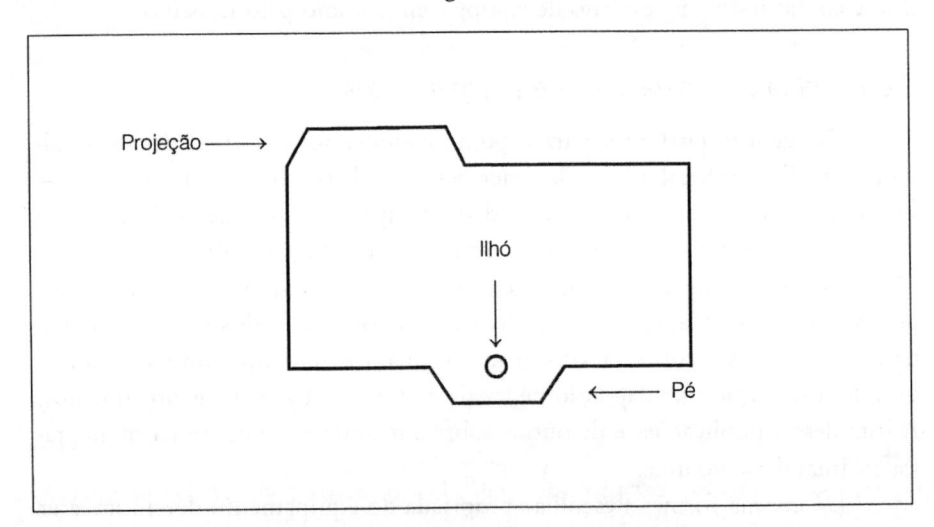

NOTAÇÃO — É a inscrição feita na projeção, podendo ser alfabética, numérica ou alfanumérica (figura 2).

Figura 2

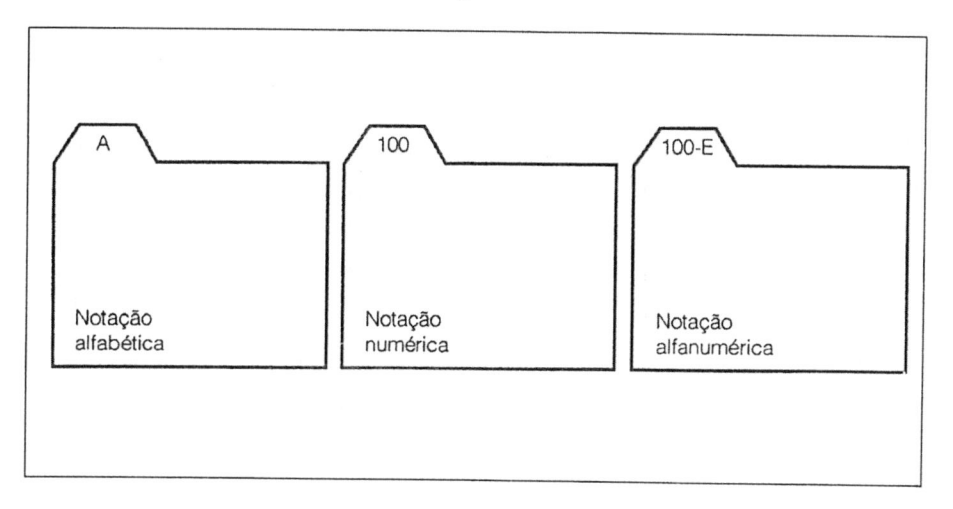

[Figura 2: três pastas mostrando "A – Notação alfabética", "100 – Notação numérica", "100-E – Notação alfanumérica"]

A notação pode ser ainda aberta ou fechada. É *aberta* quando indica somente o início da seção e *fechada* quando indica o princípio e o fim (figura 3).

Figura 3

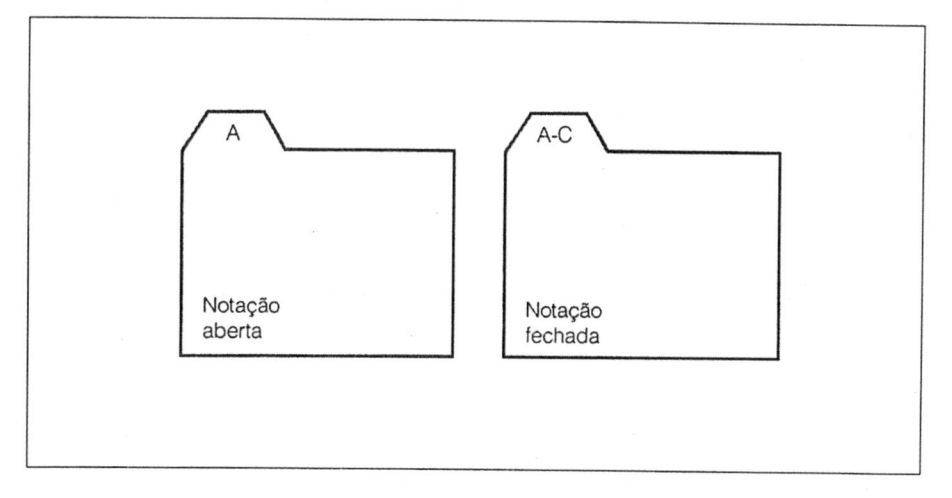

[Figura 3: duas pastas mostrando "A – Notação aberta" e "A-C – Notação fechada"]

Posição — É o local que a projeção ocupa ao longo da guia. O comprimento pode corresponder à metade da guia, a um terço, um quarto ou um quinto. Daí a denominação: primeira posição, segunda posição, terceira posição, quarta posição, quinta posição (figuras 4 e 5).

Figura 4

[Primeira posição | Segunda posição | Terceira posição]

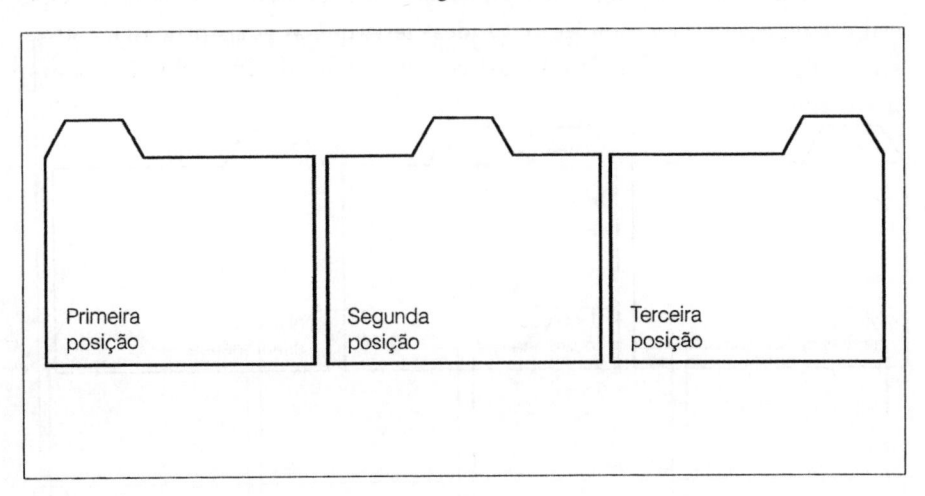

Figura 5

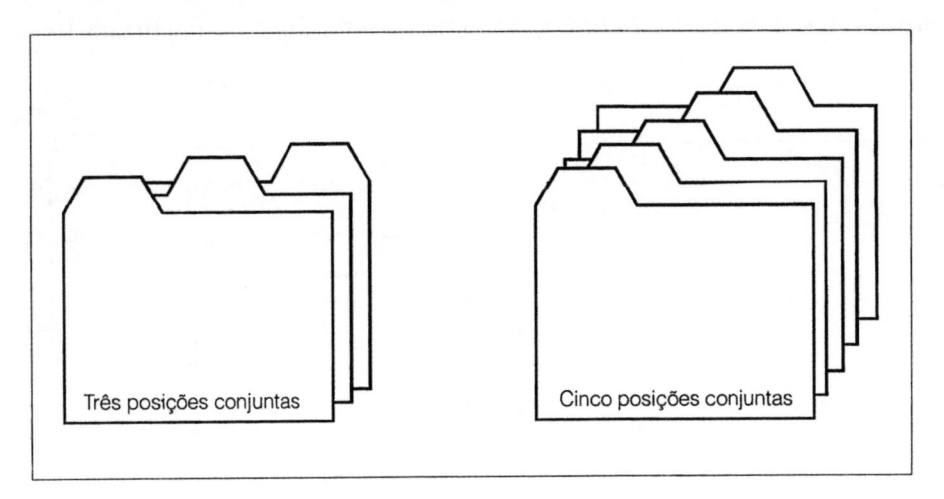

[Três posições conjuntas | Cinco posições conjuntas]

*Quanto à sua função*, a guia pode ser ainda:

- *primária* – indica a primeira divisão de uma gaveta ou seção de um arquivo;
- *secundária* – indica uma subdivisão da primária;
- *subsidiária* – indica uma subdivisão da secundária;
- *especial* – indica a localização de um nome ou assunto de grande freqüência.

O que indica se uma guia é primária, secundária, subsidiária ou especial é a notação e não a projeção. O ideal seria que as guias primárias estivessem sempre em primeira posição, as secundárias em segunda posição e assim por diante (figura 6).

Figura 6

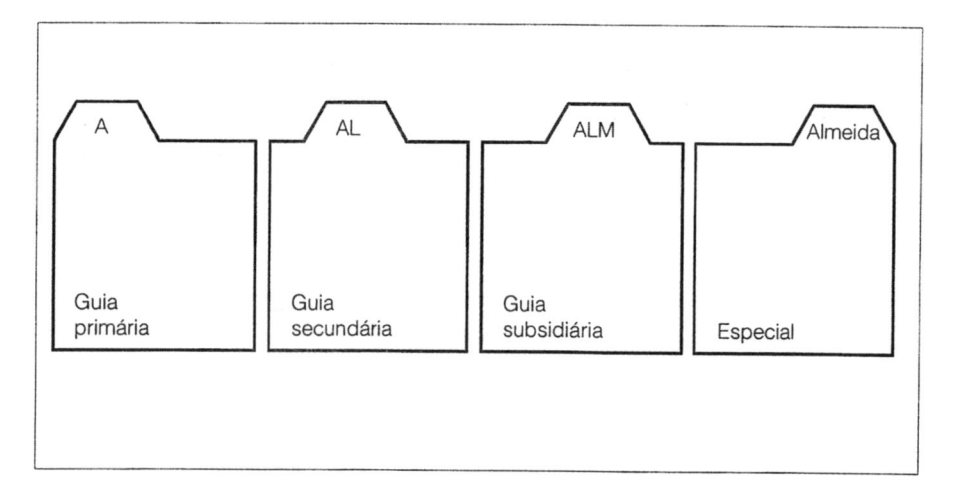

| A | AL | ALM | Almeida |
|---|----|-----|---------|
| Guia primária | Guia secundária | Guia subsidiária | Especial |

GUIA-FORA — É a que tem como notação a palavra FORA e indica a ausência de uma pasta do arquivo (figura 7).

Figura 7

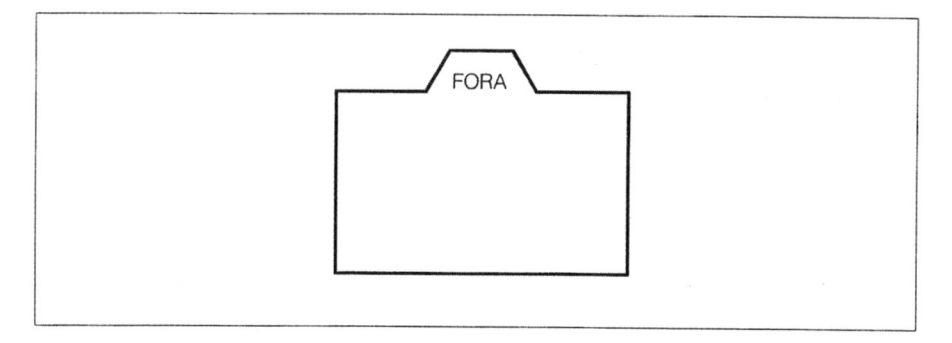

[FORA]

TIRA DE INSERÇÃO — É uma tira de papel gomado ou de cartolina, picotada, onde se escrevem as notações. Tais tiras são inseridas nas projeções das pastas ou guias.

PASTA – É uma folha de papelão resistente, ou cartolina, dobrada ao meio, que serve para guardar e proteger os documentos. Pode ser suspensa, de corte reto, isto é, lisa, ou ter projeção (figura 8). Elas se dividem em:

- *individual ou pessoal* – onde se guardam documentos referentes a um assunto ou pessoa em ordem cronológica;
- *miscelânea* – onde se guardam documentos referentes a diversos assuntos ou diversas pessoas em ordem alfabética e dentro de cada grupo, pela ordenação cronológica (figura 8).

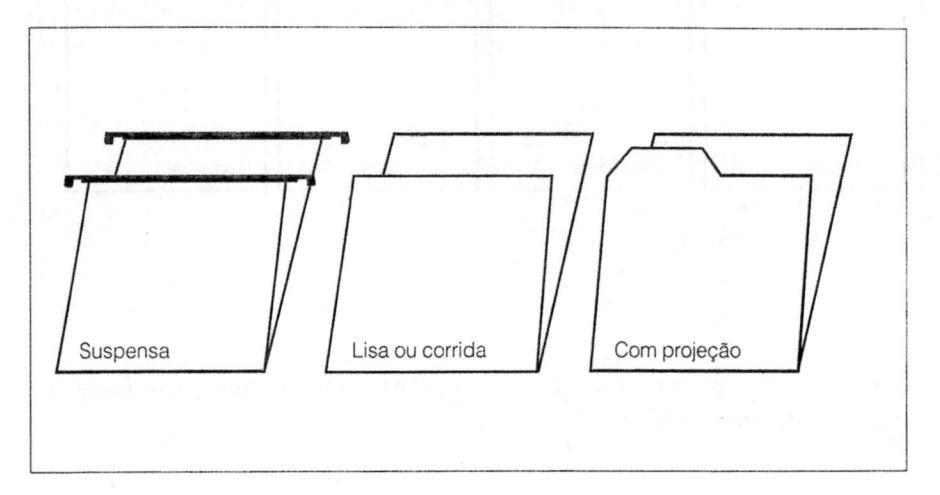

Figura 8

[Figura: três tipos de pasta — Suspensa, Lisa ou corrida, Com projeção]

## 3.6.2 Material permanente

O material permanente é aquele que tem grande duração e pode ser utilizado várias vezes para o mesmo fim. Na sua escolha, além do tipo e do tamanho dos documentos, deve-se levar em conta os seguintes requisitos:

- economia de espaço (aproveitamento máximo do móvel e mínimo de dependência);
- conveniência do serviço (arrumação racional);
- capacidade de expansão (previsão de atendimento a novas necessidades);
- invulnerabilidade (segurança);
- distinção (condições estéticas);
- resistência (conservação).

Recomenda-se ainda que a escolha do equipamento seja precedida de pesquisa junto às firmas especializadas, uma vez que constantemente são lançadas no mercado novas linhas de fabricação. As mais tradicionais são os arquivos, fichários, caixas de transferência, boxes, armários de aço etc. As mais recentes são os arquivos e fichários rotativos eletromecânicos e eletrônicos, bem como as estantes deslizantes.

Armário de aço — É um móvel fechado, usado para guardar documentos sigilosos ou volumes encadernados.

Arquivo — Móvel de aço ou de madeira, com duas, três, quatro ou mais gavetas ou gabinetes de diversas dimensões, onde são guardados os documentos.

Arquivo de fole — É um arquivo de transição entre o arquivo vertical e o horizontal. Os documentos eram guardados horizontalmente, em pastas com subdivisões, e carregados verticalmente.

Arquivos horizontais antigos — Pombal (em forma de escaninhos) e sargento (tubos metálicos usados pelo Exército em campanha).

Box — Pequeno fichário que se coloca nas mesas. É usado para lembretes.

Caixa de transferência — Caixa de aço ou papelão, usada especialmente nos arquivos permanentes.

Estante — Móvel aberto, com prateleiras, utilizado nos arquivos permanentes, onde são colocadas as caixas de transferência. Modernamente, é utilizada para arquivos correntes, empregando-se pastas suspensas laterais.

Fichário — É um móvel de aço próprio para fichas, com uma, duas, três ou quatro gavetas, ou conjugado com gavetas para fichas e documentos.

Fichário horizontal — Aquele em que as fichas são guardadas em posição horizontal, umas sobre as outras — modelo KARDEX. As fichas são fixadas por meio de bastões metálicos presos às gavetas. Dessa disposição das hastes resulta que a primeira ficha presa, a partir do fundo, ficará inteiramente visível, deixando que da imediatamente inferior apareça uma faixa correspondente à dimensão da barra, e assim sucessivamente, lembrando o aspecto de uma esteira — "arquivo-esteirinha". As faixas que aparecem funcionam como verdadeiras projeções, nas quais são feitas as notações.

Fichário vertical — Aquele em que as fichas são guardadas em posição vertical, umas atrás das outras, geralmente separadas por guias. É o modelo mais usado por ser mais econômico. As gavetas ou bandejas comportam grande número de fichas.

SUPORTE — Armação de metal que se coloca dentro das gavetas dos arquivos, servindo de ponto de apoio para as pastas suspensas.

### 3.7 Constituição de arquivos intermediários e permanentes

Toda organização, seja ela pública ou privada, de pequeno, médio ou grande portes, acumula através dos tempos um acervo documental que, mesmo depois de passar por fases de análise, avaliação e seleção rigorosas, deve ser preservado, seja para fins administrativos e fiscais, seja por exigências legais, ou ainda por questões meramente históricas.

Nenhum plano de arquivo estaria completo se não previsse a constituição do arquivo permanente, para onde devem ser recolhidos todos aqueles documentos considerados vitais.

Quanto aos arquivos ou depósitos intermediários, estes só deverão ser criados se ficar evidenciada a sua real necessidade.

Em geral, existem em âmbito governamental, em face do grande volume de documentação oficial e de sua descentralização física.

As entidades e empresas de caráter privado dificilmente necessitam desse organismo, salvo no caso de instituições de grande porte, com filiais, escritórios, representações ou similares, dispersos geograficamente e detentores de grande volume de documentação.

#### 3.7.1 Recursos financeiros

Outro aspecto fundamental a ser considerado diz respeito aos recursos disponíveis não apenas para instalação dos arquivos, mas, sobretudo, para sua manutenção.

Nem sempre os responsáveis pelos serviços públicos ou dirigentes de empresas compreendem a importância dos arquivos e admitem as despesas, algumas vezes elevadas, concernentes a tais serviços. Torna-se necessária, então, uma campanha de esclarecimento no sentido de sensibilizá-los.

#### 3.7.2 Elaboração do projeto de arquivo

Considerados todos os elementos descritos, o especialista estará em condições de elaborar o projeto de organização, a ser dividido em três partes. A primeira constará de uma síntese da situação real encontrada. A segunda, de análise e diagnóstico da situação. A terceira será o plano propriamente dito, contendo as prescrições, recomendações e procedimentos a serem adotados, estabelecendo-se, inclusive, as prioridades para a implantação.

### 3.8 Implantação e acompanhamento. Manuais de arquivo

Recomenda-se que a fase de implantação seja precedida de uma campanha de sensibilização que atinja a todos os níveis hierárquicos envolvidos.

Esta campanha, feita por meio de palestras e reuniões, objetiva informar as alterações a serem introduzidas nas rotinas de serviço e solicitar a cooperação de todos, numa tentativa de neutralizar as resistências naturais que sempre ocorrem ao se tentar modificar o *status quo* administrativo de uma organização.

Parelelamente à campanha de sensibilização deve-se promover o treinamento não só do pessoal diretamente envolvido na execução das tarefas e funções previstas no projeto de arquivo, como daqueles que se utilizarão dos serviços de arquivo, ou de cuja atuação dependerá, em grande parte, o êxito desses serviços.

A implantação das normas elaboradas na etapa anterior exigirá do responsável pelo projeto um acompanhamento constante e atento, a fim de corrigir e adaptar quaisquer impropriedades, falhas ou omissões que venham a ocorrer.

Somente depois de implantar e testar os procedimentos — verificar se as normas, rotinas, modelos e formulários atendem às necessidades —, é que deverá ser elaborado o manual de arquivo, instrumento que coroa todo o trabalho de organização. Nele ficam registrados os procedimentos e instruções que irão garantir o funcionamento eficiente e uniforme do arquivo e a continuidade do trabalho através dos tempos.

Seria impossível estabelecer padrões rígidos para a elaboração dos manuais, uma vez que estes devem refletir as peculiaridades das instituições a que se referem. Entretanto, a experiência nos permite indicar, em linhas gerais, os elementos que devem constituir os manuais de arquivo. São eles:

- apresentação, objetivos e abrangência do manual;
- informações sobre os arquivos da instituição, suas finalidades e responsabilidades; sua interação e subordinação;
- organogramas e fluxogramas;
- conceitos gerais de arquivo, definição das operações de arquivamento; terminologia;

- detalhamento das rotinas, modelos de carimbos e formulários utilizados; plano de classificação de documentos com seus respectivos códigos e índices;
- tabelas de temporalidade de documentos, que, pela sua amplitude, podem ser apresentadas em separado.

Por ser o arquivo uma atividade dinâmica, o manual deverá ser periodicamente revisto e atualizado, a fim de atender às alterações que surgirem em decorrência da evolução da própria instituição.

## Capítulo 4
# Gestão de Documentos

Assim como a humanidade vem evoluindo técnica, científica e culturalmente através dos séculos, também o conceito de arquivos sofre modificações para atender aos desafios de um mundo em mudanças.

Na antigüidade, como observamos no capítulo 2, prevalecia o conceito legal dos arquivos. Os documentos serviam para estabelecer ou reivindicar direitos.

Em meados do século XIX começa a desabrochar um crescente interesse pelo valor histórico dos arquivos e os documentos ganham o *status* de testemunhos da história. O trabalho dos arquivistas da época se concentra, basicamente, na organização e utilização dos acervos dos arquivos.

Em meados do século XX, principalmente a partir da II Guerra Mundial, em decorrência do progresso científico e tecnológico alcançado pela humanidade, a produção de documentos cresceu a níveis tão elevados que superou a capacidade de controle e organização das instituições, as quais se viram forçadas a buscar novas soluções para gerir as grandes massas documentais acumuladas nos arquivos.

Neste ambiente, surgiu não apenas a teoria das três idades dos arquivos, mencionada no capítulo 2, como o novo conceito de gestão de documentos.

"Considera-se gestão de documentos o conjunto de procedimentos e operações técnicas referentes à sua produção, tramitação, uso, avaliação e arquivamento em fase corrente e intermediária, visando a sua eliminação ou recolhimento para guarda permanente" (Lei Federal nº 8.159, de 8-1-1991).

Desta conceituação podemos destacar as três fases básicas da gestão de documentos: a produção, a utilização e a destinação.

*Produção de documentos:* refere-se à elaboração dos documentos em decorrência das atividades de um órgão ou setor. Nesta fase, o arquivista deve contribuir para que sejam criados apenas documentos essenciais à administração da instituição e evitadas duplicação e emissão de vias desnecessárias; propor consolidação de atos normativos alterados ou atualizados com certa freqüência, visando à perfeita compreensão e interpretação dos textos; sugerir criação ou extinção de modelos e formulários; apresentar estudos sobre a adequação e o melhor aproveitamento de recursos reprográficos e informáticos; contribuir para a difusão de normas e informações necessárias ao bom desempenho institucional; opinar sobre escolha de materiais e equipamentos; participar da seleção dos recursos humanos que deverão desempenhar tarefas arquivísticas e afins. Em resumo, a gestão de documentos assumiu nas instituições papel tão relevante quanto a gestão de materiais e de recursos humanos, embora ainda não seja assim reconhecido.

*Utilização de documentos:* esta fase inclui as atividades de protocolo (recebimento, classificação, registro, distribuição, tramitação), de expedição, de organização e arquivamento de documentos em fase corrente e intermediária, bem como a elaboração de normas de acesso à documentação (empréstimo, consulta) e à recuperação de informações, indispensáveis ao desenvolvimento de funções administrativas, técnicas ou científicas das instituições.

*Avaliação e destinação de documentos:* talvez a mais complexa das três fases da gestão de documentos, se desenvolve mediante a análise e avaliação dos documentos acumulados nos arquivos, com vistas a estabelecer seus prazos de guarda, determinando quais serão objeto de arquivamento permanente e quais deverão ser eliminados por terem perdido seu valor de prova e de informação para a instituição.

## 1. Arquivos correntes

Conforme já se definiu no capítulo 2, os arquivos correntes são constituídos de documentos em curso ou freqüentemente consultados como ponto de partida ou prosseguimento de planos, para fins de controle, para tomada de decisões das administrações etc.

No cumprimento de suas funções, os arquivos correntes muitas vezes respondem ainda pelas atividades de recebimento, registro, distribuição, movimentação e expedição dos documentos correntes. Por isso, freqüentemente encontra-se na estrutura organizacional das instituições a designação de órgãos de Protocolo e Arquivo, Arquivo e Comunicação ou outra denominação similar.

Embora as atividades de protocolo, expedição e arquivo corrente sejam distintas, o ideal é que funcionem de forma integrada, com vistas à racionalização de tarefas comuns.

Assim, devido ao íntimo relacionamento dessas áreas de trabalho, julgou-se oportuno distribuir em cinco setores distintos as atividades dos arquivos correntes:

1. Protocolo, incluindo recebimento e classificação, registro e movimentação
2. Expedição
3. Arquivamento — o arquivo propriamente dito
4. Empréstimo e consulta
5. Destinação

*1.1 Protocolo*

No que se refere às rotinas, poder-se-ia adotar as seguintes, com alterações indicadas para cada caso:

### 1.1.1 Recebimento e classificação

| Passos | Rotinas |
|---|---|
| 1 | Receber a correspondência (malotes, balcão, ECT) |
| 2 | Separar a correspondência oficial da particular (ver seção Correspondência, sua classificação e caracterização à p. 31) |
| 3 | Distribuir a correspondência particular |
| 4 | Separar a correspondência oficial de caráter ostensivo da de caráter sigiloso |
| 5 | Encaminhar a correspondência sigilosa aos respectivos destinatários |
| 6 | Abrir a correspondência ostensiva |
| 7 | Tomar conhecimento da correspondência pela leitura, verificando a existência de antecedentes |
| 8 | Requisitar ao Arquivo os antecedentes. Se os antecedentes não estiverem no Arquivo, o Setor de Registro e Movimentação informará onde se encontram e os solicitará para ser feita a juntada |
| 9 | Interpretar e classificar a correspondência, com base no código de assuntos adotado, se for o caso |
| 10 | Apor carimbo de protocolo — numerador/datador, sempre que possível, no canto superior direito do documento (figura 9) |
| 11 | Anotar abaixo do número e da data a primeira distribuição e o código de assunto, se for o caso |
| 12 | Elaborar o resumo do assunto a ser lançado na ficha de protocolo |
| 13 | Encaminhar os papéis ao Setor de Registro e Movimentação |

Figura 9
*Carimbo de protocolo*

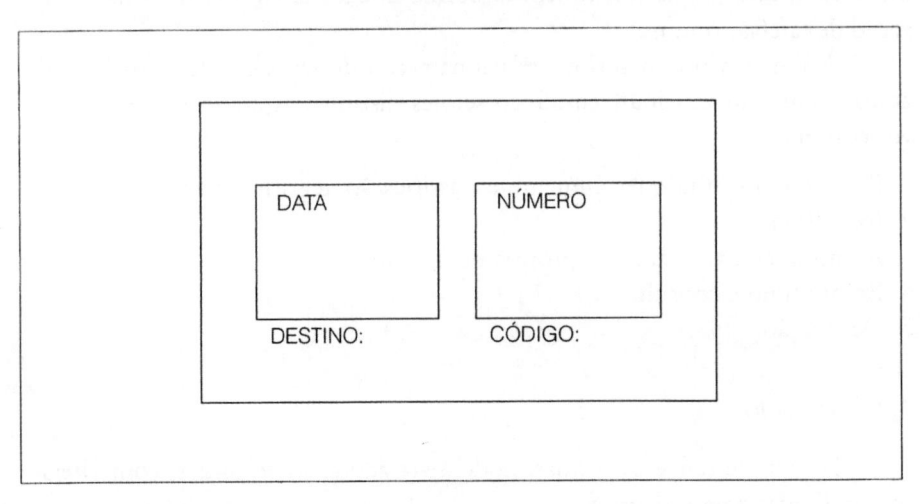

```
┌─────────────────────────────────────────┐
│                                         │
│    ┌──────────────┐  ┌──────────────┐   │
│    │    DATA      │  │   NÚMERO     │   │
│    │              │  │              │   │
│    │              │  │              │   │
│    └──────────────┘  └──────────────┘   │
│    DESTINO:          CÓDIGO:            │
│                                         │
└─────────────────────────────────────────┘
```

## 1.1.2 Registro e movimentação

Este setor funciona como um centro de distribuição e redistribuição de documentos. Suas atribuições podem ser assim descritas:

| Passos | Rotinas |
|---|---|
| 1 | Preparar a ficha de protocolo, em duas vias, anotando: número de protocolo; data de entrada; procedência, espécie, número e data do documento; código e resumo do assunto; primeira distribuição (figura 10) |
| 2 | Anexar a segunda via da ficha* ao documento, encaminhando-o ao seu destino, juntamente com os antecedentes, após o registro e as anotações pertinentes nas respectivas fichas, se for o caso |
| 3 | Inscrever os dados constantes da ficha de protocolo nas fichas de procedência e assunto, rearquivando-as em seguida (figuras 11 e 12) |
| 4 | Arquivar as fichas de protocolo, em ordem numérica |
| 5 | Receber dos vários setores os documentos a serem redistribuídos; anotar nas respectivas fichas (numéricas) o novo destino |
| 6 | Encaminhar os documentos aos respectivos destinos, de acordo com despacho de autoridade competente |

\* Essa ficha será retirada no órgão a que o documento é destinado pelo responsável pelo controle no âmbito desse órgão, e será novamente anexada ao documento quando este for encaminhado a outro órgão, devendo essa passagem ser feita por intermédio do Setor de Registro e Movimentação, que o redistribuirá.

GESTÃO DE DOCUMENTOS

Figura 10
*Ficha de protocolo*

| PROCEDÊNCIA | | Nº DO PROTOCOLO | CÓDIGO DO ASSUNTO |
|---|---|---|---|
| | | DATA DE ENTRADA | ESPÉCIE |
| | | DATA DO DOCUMENTO | Nº DE ORIGEM |

ASSUNTO

| DISTRIBUIÇÃO | DATA | RECEBIDO | DATA |
|---|---|---|---|
| 1ª | | | |
| 2ª | | | |
| 3ª | | | |
| 4ª | | | |
| 5ª | | | |

FGV - SCM - FICHA DE PROTOCOLO

Figura 11
*Ficha de procedência*

| PROCEDÊNCIA: | | | |
|---|---|---|---|
| | | | Nº Protocolo |
| | | | ASSUNTO |
| | Documento | Data | |
| | | Esp. e nº | |

Figura 12
*Ficha de assunto*

| CÓDIGO: | ASSUNTO: | | | |
|---|---|---|---|---|
| | | | Nº Protocolo | |
| | | | PROCEDÊNCIA | |
| | Documento | Data | | |
| | | Esp. e nº | | |

## 1.2. Expedição

Em geral são adotadas as seguintes rotinas:

| Passos | Rotinas |
|---|---|
| 1 | Receber a correspondência (original, envelope e cópias em quantidades a serem determinadas)* |
| 2 | Verificar se não faltam folhas ou anexos |
| 3 | Numerar e completar a data, no original e nas cópias |
| 4 | Separar o original das cópias |
| 5 | Expedir o original, com os anexos se for o caso, pela ECT, malotes ou em mãos |
| 6 | Encaminhar as cópias, acompanhadas dos antecedentes que lhes deram origem, ao setor de arquivamento, isto é, ao Arquivo propriamente dito |

* Os órgãos que desejarem manter uma coleção de cópias para consulta imediata deverão prepará-las em papel de cor diferente. Estas cópias lhes serão restituídas após a expedição.

## 1.3 Arquivamento

É comum enfatizar-se as atividades de arquivamento num programa de gestão de documentos.

Sem dúvida, trata-se de uma tarefa arquivística da maior importância, uma vez que, como já vimos, a função primordial dos arquivos é disponibilizar as informações contidas nos documentos para a tomada de decisão e comprovação de direitos e obrigações, o que só se efetivará se os documentos estiverem corretamente classificados e devidamente guardados.

Mais importante, pois, do que guardar (arquivar) é achar, rapidamente (recuperar as informações), no momento desejado.

Para se alcançar tais objetivos encontram-se descritos, a seguir, os principais métodos de arquivamento utilizados para a organização dos acervos arquivísticos, as operações desenvolvidas na fase do arquivamento, as rotinas e, finalmente, os critérios e procedimentos adotados no cumprimento da função mais nobre dos arquivos: sua utilização, mediante empréstimo e consulta.

### 1.3.1 Métodos de arquivamento

A tarefa de classificar documentos para um arquivo exige do classificador conhecimentos não só da administração a que serve, como da natureza dos documentos a serem classificados. Cada ramo de atividade exige um método diferente, adequado às suas finalidades. Daí o problema difícil, quando se quer organizar um arquivo, da escolha de um método ideal de classificação para que a finalidade precípua do arquivo, que é o acesso aos documentos, seja plenamente atingida.

O método de arquivamento é determinado pela natureza dos documentos a serem arquivados e pela estrutura da entidade.

Pode-se dividir os métodos de arquivamento em duas classes:

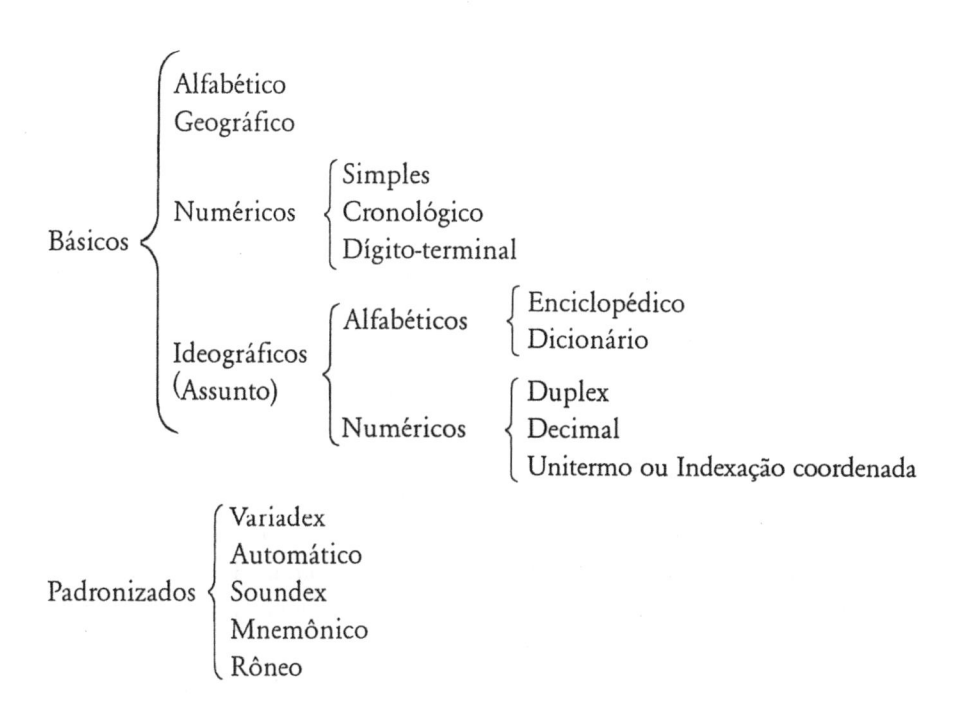

Básicos
- Alfabético
- Geográfico
- Numéricos
  - Simples
  - Cronológico
  - Dígito-terminal
- Ideográficos (Assunto)
  - Alfabéticos
    - Enciclopédico
    - Dicionário
  - Numéricos
    - Duplex
    - Decimal
    - Unitermo ou Indexação coordenada

Padronizados
- Variadex
- Automático
- Soundex
- Mnemônico
- Rôneo

Estes métodos pertencem a dois grandes sistemas: direto e indireto.

*Sistema direto* é aquele em que a busca do documento é feita diretamente no local onde se acha guardado.

*Sistema indireto* é aquele em que, para se localizar o documento, é preciso antes consultar um índice ou um código.

O método alfanumérico — combinação de letras e números — não se inclui nas classes de métodos básicos e padronizados e é considerado do sistema semi-indireto.

Quando se trata de planejar a organização de um arquivo ou fichário, os elementos constantes de um documento a considerar são: *nome* (do remetente, do destinatário, ou da pessoa a quem se refere o documento); *local, número, data* e *assunto*. De acordo com o elemento mais importante e mais freqüentemente procurado, em cada caso, pode-se organizar os fichários ou arquivos em:

a) ordem alfabética;
b) ordem geográfica;
c) ordem numérica (simples ou cronológica);
d) ordem de assunto.

Com referência à ordem numérica, a data geralmente é precedida por número de ordem, como também pode ser considerada elemento subsidiário nas outras ordenações.

### Métodos básicos

*Método alfabético*. É o mais simples, desde que o elemento principal a ser considerado seja o NOME. É um método direto, porque a pesquisa é feita diretamente, não sendo necessário se recorrer a um índice auxiliar para localizar qualquer documento. Nesse método, as fichas ou pastas são dispostas na ordem rigorosamente alfabética, respeitadas as normas gerais para a alfabetação, através de guias divisórias, com as respectivas letras.

As notações nas guias podem ser abertas ou fechadas, conforme indiquem o *limite inicial* ou os *limites inicial* e *final*. Notações simples abertas: *A, B, C, Ab, Ac* etc.; notações compostas ou fechadas: *Aa-Al, Am-Az* etc.

Há coleções alfabéticas de guias, variando seu número de acordo com o maior ou menor detalhe na divisão alfabética, o que será determinado em função da quantidade de documentos ou fichas que se tenha que guardar.

Além das pastas individuais — uma para cada pessoa ou entidade — devem ser preparadas as pastas *miscelânea*. Estas pastas destinam-se a guardar documentos referentes a diversos correspondentes eventuais, que, por serem poucos (de uma a no máximo cinco unidades para cada correspondente), não justificam a abertura de uma pasta individual. Aí ficarão os documentos, acumulando, até que se torne necessária a abertura de pasta individual. As pastas *miscelânea* levam notações iguais às das guias e podem ser arquivadas antes ou depois das pastas individuais. Sua ordenação interna deverá obedecer primeiramente à ordem alfabética e, dentro desta, à cronológica.

*Vantagens do método alfabético:* rápido, direto, fácil e barato.

*Desvantagens:* os erros de arquivamento tendem a predominar no arquivamento alfabético, quando o volume de documentos é muito grande, devido ao cansaço visual e à variedade de grafia dos nomes.

**Regras de alfabetação.** O arquivamento de nomes obedece a 13 regras, chamadas regras de alfabetação, e que são as seguintes:

1. Nos nomes de pessoas físicas, considera-se o último sobrenome e depois o prenome.

    Exemplo:  João Barbosa
    Pedro Álvares Cabral
    Paulo Santos
    Maria Luísa Vasconcelos

    Arquivam-se:  Barbosa, João
    Cabral, Pedro Alvares
    Santos, Paulo
    Vasconcelos, Maria Luísa

Obs.: Quando houver sobrenomes iguais, prevalece a ordem alfabética do prenome.

    Exemplo:  Aníbal Teixeira
    Marilda Teixeira
    Paulo Teixeira
    Vítor Teixeira

    Arquivam-se:  Teixeira, Aníbal
    Teixeira, Marilda
    Teixeira, Paulo
    Teixeira, Vítor

2. Sobrenomes compostos de um substantivo e um adjetivo ou ligados por hífen não se separam.

    Exemplo:  Camilo Castelo Branco
    Paulo Monte Verde
    Heitor Villa-Lobos

    Arquivam-se:  Castelo Branco, Camilo
    Monte Verde, Paulo
    Villa-Lobos, Heitor

3. Os sobrenomes formados com as palavras Santa, Santo ou São seguem a regra dos sobrenomes compostos por um adjetivo e um substantivo.

    Exemplo:   Waldemar Santa Rita
                     Luciano Santo Cristo
                     Carlos São Paulo

    Arquivam-se:   Santa Rita, Waldemar
                         Santo Cristo, Luciano
                         São Paulo, Carlos

4. As iniciais abreviativas de prenomes têm precedência na classificação de sobrenomes iguais.

    Exemplo:   J. Vieira
                     Jonas Vieira
                     José Vieira

    Arquivam-se:   Vieira, J.
                         Vieira, Jonas
                         Vieira, José

5. Os artigos e preposições, tais como *a, o, de, d', da, do, e, um, uma*, não são considerados (ver também regra nº 9).

    Exemplo:   Pedro de Almeida
                     Ricardo d'Andrade
                     Lúcia da Câmara
                     Arnaldo do Couto

    Arquivam-se:   Almeida, Pedro de
                         Andrade, Ricardo d'
                         Câmara, Lúcia da
                         Couto, Arnaldo do

6. Os sobrenomes que exprimem grau de parentesco como Filho, Júnior, Neto, Sobrinho são considerados parte integrante do *último sobrenome*, mas não são considerados na ordenação alfabética.

    Exemplo:   Antônio Almeida Filho
                     Paulo Ribeiro Júnior
                     Joaquim Vasconcelos Sobrinho
                     Henrique Viana Neto

Arquivam-se:   Almeida Filho, Antônio
              Ribeiro Júnior, Paulo
              Vasconcelos Sobrinho, Joaquim
              Viana Neto, Henrique

Obs.: Os graus de parentesco só serão considerados na alfabetação quando servirem de elemento de distinção.

Exemplo:   Jorge de Abreu Sobrinho
          Jorge de Abreu Neto
          Jorge de Abreu Filho

Arquivam-se:   Abreu Filho, Jorge de
              Abreu Neto, Jorge de
              Abreu Sobrinho, Jorge de

7. Os títulos não são considerados na alfabetação. São colocados após o nome completo, entre parênteses.

Exemplo:   Ministro Milton Campos
          Professor André Ferreira
          General Paulo Pereira
          Dr. Pedro Teixeira

Arquivam-se:   Campos, Milton (Ministro)
              Ferreira, André (Professor)
              Pereira, Paulo (General)
              Teixeira, Pedro (Dr.)

8. Os nomes estrangeiros são considerados pelo último sobrenome, salvo nos casos de nomes espanhóis e orientais (ver também regras n$^{os}$ 10 e 11).

Exemplos:   Georges Aubert
           Winston Churchill
           Paul Müller
           Jorge Schmidt

Arquivam-se:   Aubert, Georges
              Churchill, Winston
              Müller, Paul
              Schmidt, Jorge

9. As partículas dos nomes estrangeiros podem ou não ser consideradas. O mais comum é considerá-las como parte integrante do nome quando escritas com letra maiúscula.

   Exemplo:   Giulio di Capri
              Esteban De Penedo
              Charles Du Pont
              John Mac Adam
              Gordon O'Brien
   Arquivam-se:  Capri, Giulio di
                 De Penedo, Esteban
                 Du Pont, Charles
                 Mac Adam, John
                 O'Brien, Gordon

10. Os nomes espanhóis são registrados pelo penúltimo sobrenome, que corresponde ao sobrenome de família do pai.

    Exemplo:   José de Oviedo y Baños
               Francisco de Pina de Mello
               Angel del Arco y Molinero
               Antonio de los Ríos
    Arquivam-se:  Arco y Molinero, Angel del
                  Oviedo y Baños, José de
                  Pina de Mello, Francisco de
                  Ríos, Antonio de los

11. Os nomes orientais — japoneses, chineses e árabes — são registrados como se apresentam.

    Exemplo:   Al Ben-Hur
               Li Yutang
    Arquivam-se:  Al Ben-Hur
                  Li Yutang

12. Os nomes de firmas, empresas, instituições e órgãos governamentais devem ser transcritos como se apresentam, não se considerando, porém, para fins de ordenação, os artigos e preposições que os constituem. Admite-se, para facilitar a ordenação, que os artigos iniciais sejam colocados entre parênteses após o nome.

Exemplo:   Embratel
Álvaro Ramos & Cia.
Fundação Getulio Vargas
A Colegial
The Library of Congress
Companhia Progresso Guanabara
Barbosa Santos Ltda.

Arquivam-se:   Álvaro Ramos & Cia.
Barbosa Santos Ltda.
Colegial (A)
Companhia Progresso Guanabara
Embratel
Fundação Getulio Vargas
Library of Congress (The)

13. Nos títulos de congressos, conferências, reuniões, assembléias e assemelhados os números arábicos, romanos ou escritos por extenso deverão aparecer no fim, entre parênteses.

Exemplo:   II Conferência de Pintura Moderna
Quinto Congresso de Geografia
3º Congresso de Geologia

Arquivam-se:   Conferência de Pintura Moderna (II)
Congresso de Geografia (Quinto)
Congresso de Geologia (3º)

Estas regras podem ser alteradas para melhor servir à organização, desde que o arquivista observe sempre o mesmo critério e faça as remissivas necessárias para evitar dúvidas futuras.

Exemplo:   José *Peregrino* da Rocha Fagundes *Júnior*
José *Félix* Alves *Pacheco*

Podem ser arquivados pelos nomes mais conhecidos:

Peregrino Júnior, José
Félix Pacheco, José

Colocam-se remissivas em:

Fagundes Júnior, José Peregrino da Rocha
Pacheco, José Félix Alves

**Regras de ordenação.** Para a ordenação dos itens pode-se adotar, seja o critério de letra por letra, seja o de palavra por palavra, consideradas uma após outra, na ordem em que aparecem no elemento a ordenar.

1. Letra por letra

    Exemplo:   Monte Alegre
    Monte Branco
    Monteiro
    Monte Mór
    Montenegro
    Monte Sinai

2. Palavra por palavra

    Exemplo:   Monte Alegre
    Monte Branco
    Monte Mór
    Monte Sinai
    Monteiro
    Montenegro

A escolha de um dos critérios implica a exclusão do outro.

*Método geográfico.* O método geográfico é do sistema direto. A busca é feita diretamente ao documento. Este método é preferido quando o principal elemento a ser considerado em um documento é a PROCEDÊNCIA ou LOCAL.

As melhores ordenações geográficas são:

- Nome do estado, cidade e correspondente.
- Nome da cidade, estado e correspondente.

**Nome do estado, cidade e correspondente.** Quando se organiza um arquivo por *estados, as capitais devem ser alfabetadas em primeiro lugar, por estado, independentemente da ordem alfabética* em relação às demais cidades, que deverão estar dispostas após as capitais.

Neste caso há necessidade de se utilizar guias divisórias com notações indicativas dos nomes dos estados.

Exemplo:

| Estado | Cidade | Correspondente |
|---|---|---|
| Amazonas | Manaus (capital) | Sobreira, Luísa |
| Amazonas | Itacoatiara | Santos, Antônio J. |
| Rio de Janeiro | Rio de Janeiro (capital) | Rodrigues, Isa |
| Rio de Janeiro | Campos | Almeida, José de |
| São Paulo | São Paulo (capital) | Corrêa, Gilson |
| São Paulo | Lorena | Silva, Alberto |

**Nome da cidade, estado e correspondente.** Quando o principal elemento de identificação é a cidade e não o estado, deve-se observar a rigorosa ordem alfabética por cidades, *não havendo destaque para as capitais.*

Exemplo:

| Cidade | Estado | Correspondente |
|---|---|---|
| Campos | Rio de Janeiro | Almeida, José de |
| Itacoatiara | Amazonas | Santos, Antônio J. |
| Lorena | São Paulo | Silva, Alberto |
| Manaus | Amazonas | Sobreira, Luísa |
| Rio de Janeiro | Rio de Janeiro | Rodrigues, Isa |
| São Paulo | São Paulo | Corrêa, Gilson |

Nesse caso não é necessário o emprego de guias divisórias correspondentes aos estados, pois as pastas são guardadas em ordem alfabética pela cidade. É imprescindível, porém, que as pastas tragam os nomes dos estados, em segundo lugar, porque há cidades com o mesmo nome em diferentes estados.

Exemplo: Brasília (Distrito Federal) — Silva, Jackson
Brasília (Minas Gerais) — Leite, Edson
Itabaiana (Paraíba) — Santos, Therezinha
Itabaiana (Sergipe) — Souza, Lourdes da Costa e

**Correspondência com outros países.** Quando se trata de correspondência com outros países, alfabeta-se em primeiro lugar o *país,* seguido da *capital* e do *correspondente.* As demais cidades serão alfabetadas em ordem alfabética, após as respectivas capitais dos países a que se referem.

Exemplo:

| País | Cidade | Correspondente |
|---|---|---|
| França | Paris (capital) | Unesco |
| França | Lorena | Vadim, Roger |
| Portugal | Lisboa (capital) | Pereira, José |
| Portugal | Coimbra | Albuquerque, Maria |
| Portugal | Porto | Ferreira, Antônio |

*Vantagens do método geográfico:* é direto e de fácil manuseio.
*Desvantagens:* exige duas classificações — local e nome do correspondente.

**Métodos numéricos.** Quando o principal elemento a ser considerado em um documento é o NÚMERO, a escolha deve recair sobre um dos seguintes métodos: simples, cronológico ou dígito-terminal.

Tais métodos são indiretos, uma vez que, para se localizar um documento ou pasta, há que se recorrer a um *índice alfabético* (em fichas), que fornecerá o número sob o qual o documento ou pasta foram arquivados.

A numeração obedece somente à ordenação seqüencial, embora a disposição física das pastas, nas gavetas ou estantes, possa apresentar peculiaridades próprias a cada método.

**Método numérico simples.** O método númerico simples constitui-se na atribuição de um número a cada correspondente ou cliente — pessoa física ou jurídica —, obedecendo-se à ordem de entrada ou de registro, sem qualquer preocupação com a ordenação alfabética, já que o método exige um índice alfabético remissivo (figuras 13 e 14).

Além do *registro* (em livro ou fichas) das pastas ocupadas (figuras 15 e 16), a fim de se evitar que sejam abertas duas ou mais pastas com o mesmo número, é indispensável um *índice alfabético*, remissivo (figuras 17 e 18), em fichas, sem o qual seria impossível a localização dos documentos.

Os *correspondentes eventuais* terão a sua documentação arquivada em pastas *miscelâneas,* que devem conter de 10 a 20 correspondentes cada uma.

As pastas miscelâneas constituirão uma série à parte, podendo a sua numeração obedecer a dois critérios distintos.

No primeiro, numeram-se apenas as pastas, arquivando-se nelas os documentos dos correspondentes eventuais em ordem alfabética, os quais receberão o número da pasta.

Exemplo:  M-1 Pedro Corrêa Filho
         M-1 Carlos São Pedro
         M-1 Lúcia Villa Verde
         M-1 Oswaldo Paes

No segundo caso, atribui-se a cada *correspondente* eventual um número próprio, precedido da letra *M* (de miscelânea), arquivando-os nas pastas, sem considerar a ordenação alfabética.

Exemplo:  M-1  Pedro Corrêa Filho
         M-2  Carlos São Pedro
         M-3  Lúcia Villa Verde
         ............................
         M-10 Oswaldo Paes

No primeiro caso, a notação das pastas miscelâneas seria M-1, M-2, M-3 etc. e, no segundo caso, M1-10, M11-20, M21-30 etc. (figuras 13 e 14).

Figura 13
*Primeiro caso*

Figura 14
*Segundo caso*

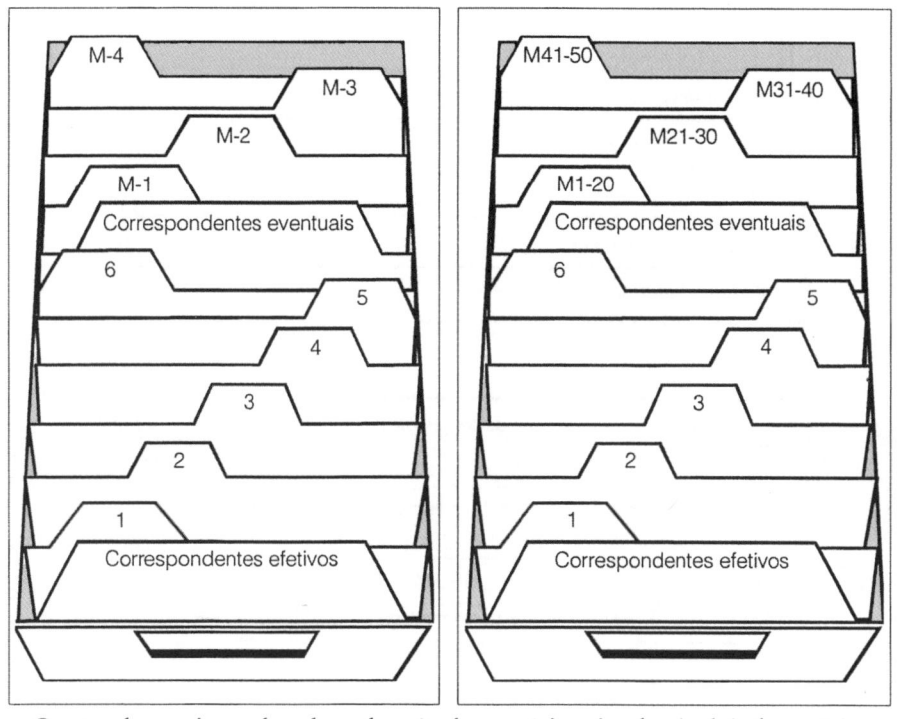

*Gavetas de arquivo ordenadas pelo método numérico simples, incluindo as séries de pastas miscelâneas*

Exemplo de *Registro em fichas*

Figura 15
*Primeiro caso*

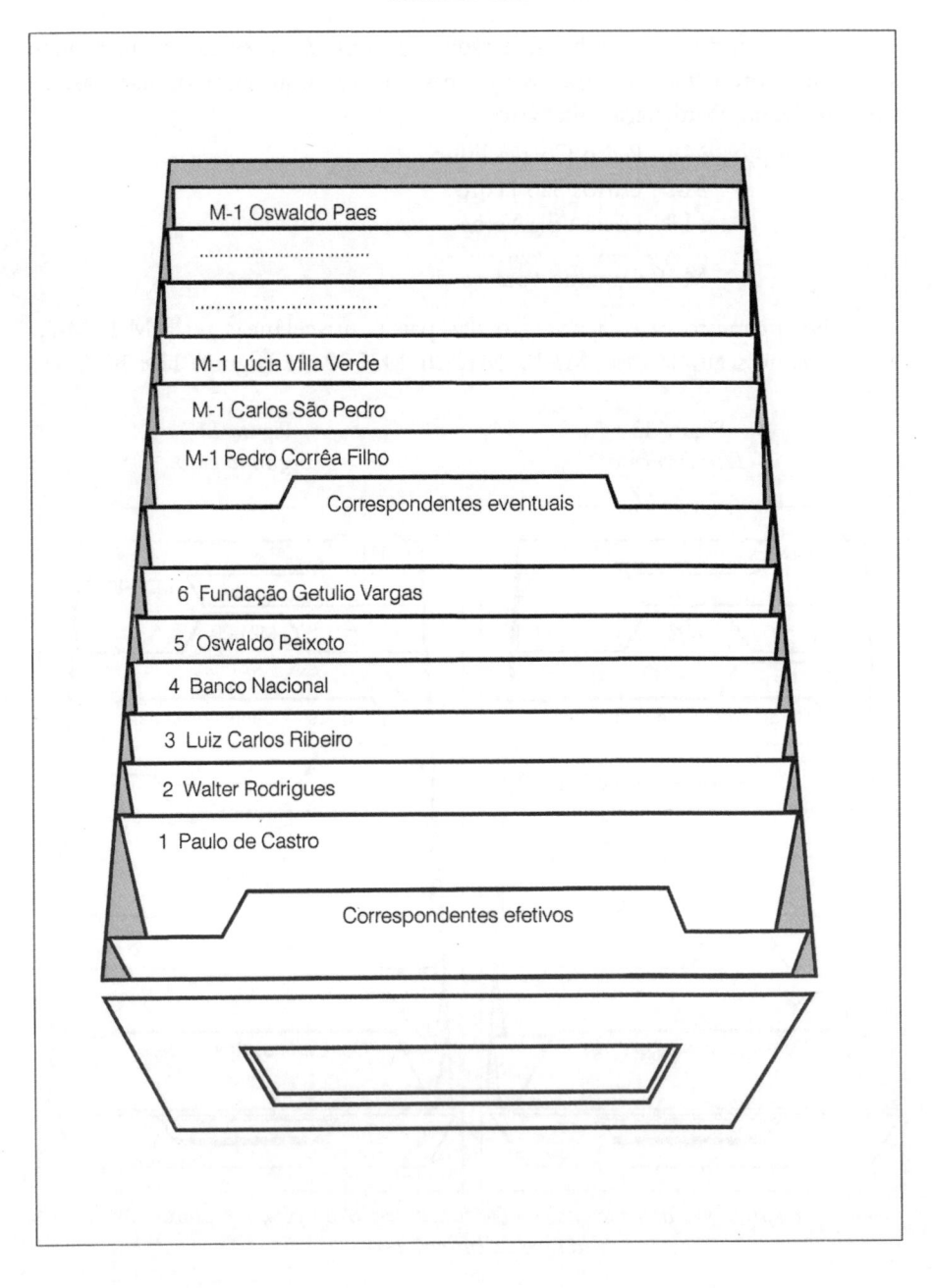

M-1 Oswaldo Paes
..............................
..............................
M-1 Lúcia Villa Verde
M-1 Carlos São Pedro
M-1 Pedro Corrêa Filho
Correspondentes eventuais

6 Fundação Getulio Vargas
5 Oswaldo Peixoto
4 Banco Nacional
3 Luiz Carlos Ribeiro
2 Walter Rodrigues
1 Paulo de Castro
Correspondentes efetivos

Figura 16
*Segundo caso*

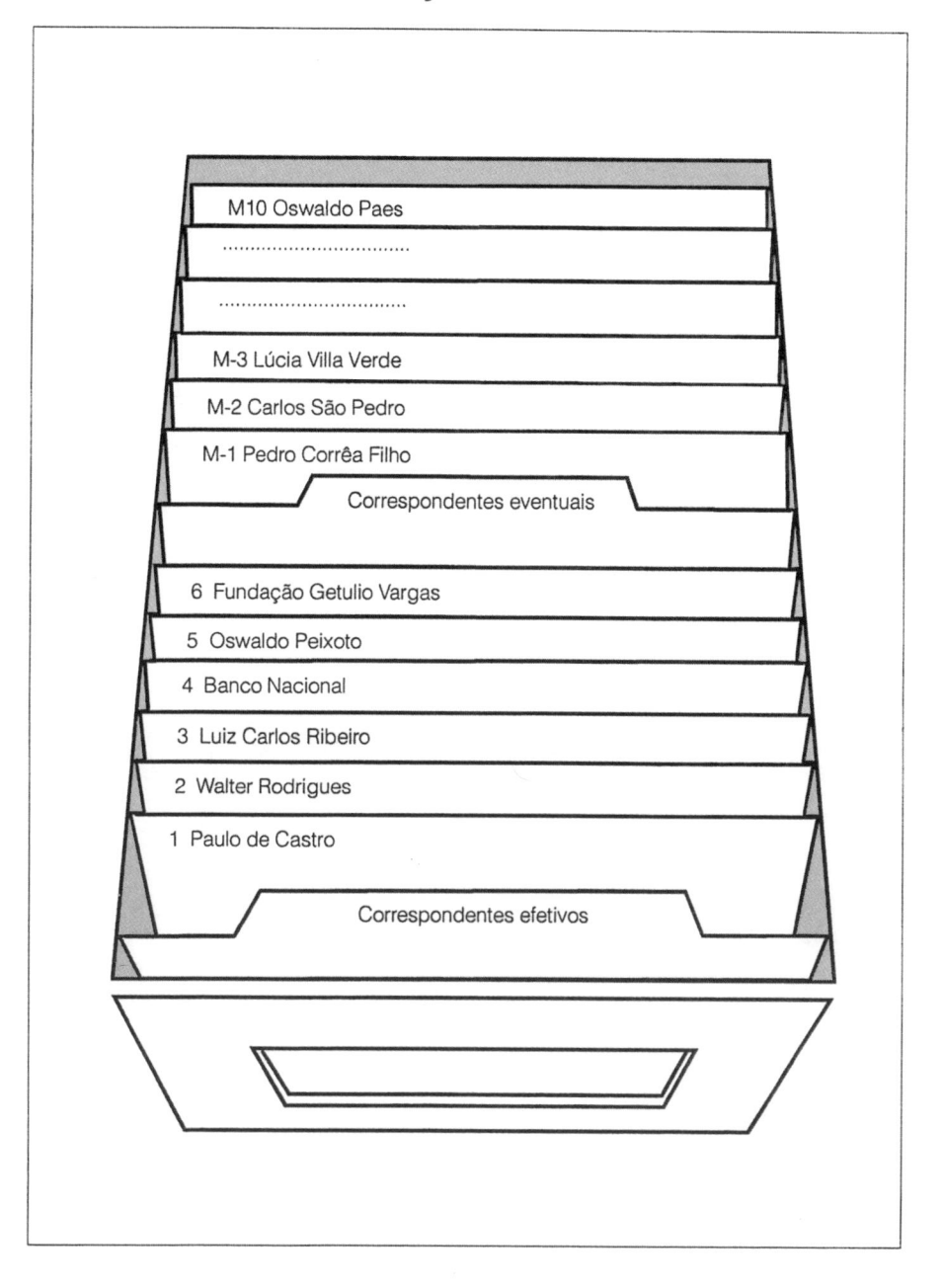

- M10 Oswaldo Paes
- ..................................
- ..................................
- M-3 Lúcia Villa Verde
- M-2 Carlos São Pedro
- M-1 Pedro Corrêa Filho

Correspondentes eventuais

- 6 Fundação Getulio Vargas
- 5 Oswaldo Peixoto
- 4 Banco Nacional
- 3 Luiz Carlos Ribeiro
- 2 Walter Rodrigues
- 1 Paulo de Castro

Correspondentes efetivos

Exemplo de *Índice alfabético*

Figura 17
*Primeiro caso*

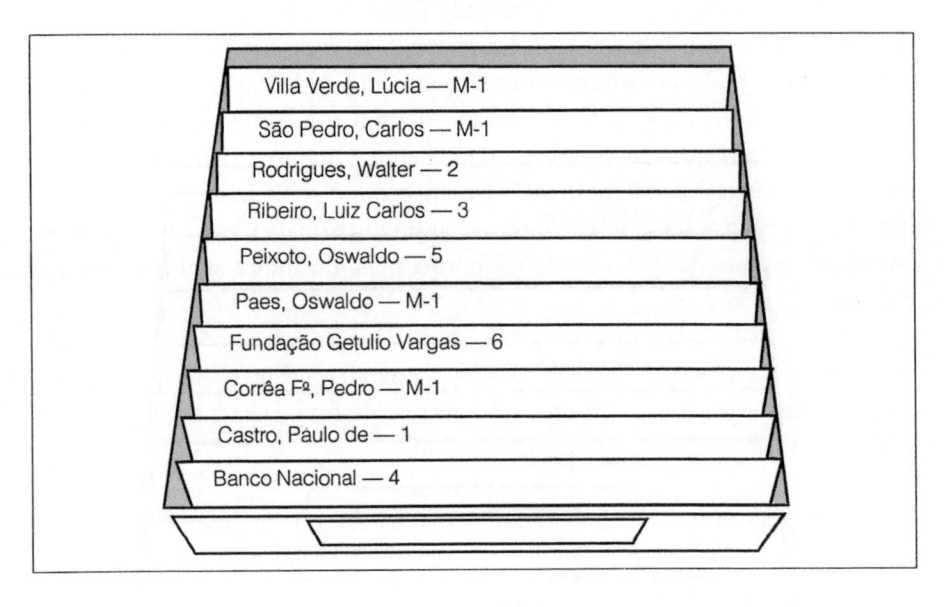

- Villa Verde, Lúcia — M-1
- São Pedro, Carlos — M-1
- Rodrigues, Walter — 2
- Ribeiro, Luiz Carlos — 3
- Peixoto, Oswaldo — 5
- Paes, Oswaldo — M-1
- Fundação Getulio Vargas — 6
- Corrêa Fº, Pedro — M-1
- Castro, Paulo de — 1
- Banco Nacional — 4

Figura 18
*Segundo caso*

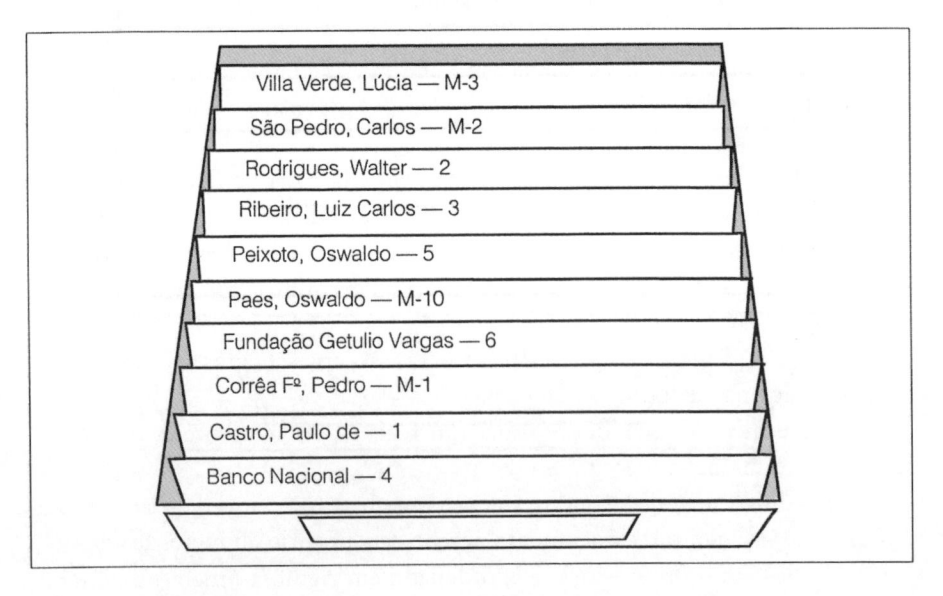

- Villa Verde, Lúcia — M-3
- São Pedro, Carlos — M-2
- Rodrigues, Walter — 2
- Ribeiro, Luiz Carlos — 3
- Peixoto, Oswaldo — 5
- Paes, Oswaldo — M-10
- Fundação Getulio Vargas — 6
- Corrêa Fº, Pedro — M-1
- Castro, Paulo de — 1
- Banco Nacional — 4

No método numérico simples, pode-se aproveitar o número de uma pasta que venha a vagar.

Por exemplo: em uma organização existe uma pasta de nº X, onde se guarda a correspondência de determinada firma. Por qualquer motivo a organização termina suas relações comerciais com a referida firma. Para que não se conserve uma pasta no arquivo corrente, sem utilidade, faz-se a transferência dos documentos — após análise e seleção — para o arquivo permanente, e aproveita-se o mesmo número com um novo cliente. Quanto à ficha do índice alfabético, referente à primeira firma, permanecerá no fichário acrescida de nova indicação do lugar onde se encontra no arquivo permanente. O novo cliente, que ocupa a pasta de nº X, terá também uma ficha no índice alfabético em seu respectivo lugar.

O método numérico simples, feitas algumas adaptações, tem ampla aplicação nos arquivos especiais (discos, fotografias, filmes, fitas sonoras) e especializados (projetos de engenharia, projetos de financiamento, prontuários médicos, cadastros de funcionários).

**Método numérico cronológico.** Neste método, além da ordem numérica, tem-se de observar a data. Esta modalidade é a adotada em quase todas as repartições públicas.

Numera-se o documento e não a pasta. O documento depois de autuado — colocado numa capa de cartolina, onde além do número de protocolo são transcritas outras informações —, em geral, passa a ser denominado processo.

Ao planejar-se um modelo de ficha capaz de controlar o andamento dos processos nas repartições, poder-se-á indicar, mediante o desdobramento da referida ficha, todos os elementos necessários ao registro e à localização desses documentos.

Assim, além da ficha numérica, também chamada de ficha de protocolo, que é o registro propriamente dito, onde será indicada toda a movimentação do documento ou processo, devem ser preparados índices auxiliares (em fichas) alfabético-onomástico, de procedência e de assunto para facilitar a recuperação da documentação.

Neste capítulo, nas figuras 10, 11 e 12, são apresentados modelos de fichas adotados no método cronológico.

Nesse método, quando se anula um registro, só se aproveita o número se for na mesma data.

É o único método de arquivamento que dispensa o uso de pastas *miscelânea*, uma vez que cada documento recebe seu próprio número de registro, constituindo-se num processo único, ordenado em rigorosa ordem numérica.

*Vantagens do método numérico cronológico:* maior grau de sigilo, menor possibilidade de erros por ser mais fácil lidar com números do que com letras.
*Desvantagens:* é um método indireto, obrigando duplicidade de pesquisa.

**Dígito-terminal.** Este método surgiu em decorrência da necessidade de serem reduzidos erros no arquivamento de grande volume de documentos, cujo elemento principal de identificação é o *número*. Entre as instituições de grande porte que precisam arquivar parte considerável de seus documentos por número podemos mencionar, entre outras, o INSS, o Inamps, as companhias de seguros, os hospitais e os bancos.

Os documentos são numerados seqüencialmente, mas sua leitura apresenta uma peculiaridade que caracteriza o método: os números, dispostos em três grupos de dois dígitos cada um, são lidos da direita para a esquerda, formando pares.

Decompondo-se, por exemplo, o número 829.319, têm-se os seguintes grupos: 82-93-19.

Como a leitura é feita sempre da direita para a esquerda, chama-se o grupo 19 de primário, o grupo 93 de secundário e o grupo 82 de terciário.

Quando o número for composto de menos de cinco dígitos, serão colocados zeros à sua esquerda, para sua complementação. Assim, o número 42.054 será representado pelos grupos 04-20-54.

O arquivamento dos documentos, pastas ou fichas é feito considerando-se em primeiro lugar o grupo primário, seguindo-se o secundário e finalmente o terciário.

Assim, para se localizar a pasta 162.054 (16-20-54), o arquivista deve verificar, em primeiro lugar, onde se encontram as pastas terminadas em 54; em seguida, localiza as pastas cujo grupo secundário é o número 20 e, finalmente, a pasta desejada, de número 16.

Comparando-se a numeração dos métodos numérico simples e dígito-terminal, tem-se a seguinte representação:

| Numérico simples | Dígito-terminal |
| --- | --- |
| 56.212 | 21-87-03 |
| 86.212 | 05-62-12 |
| 94.217 | 08-62-12 |
| 218.703 | 09-42-17 |
| 672.789 | 97-26-89 |
| 972.689 | 67-27-89 |

*Vantagens do método dígito-terminal:* redução de erros de arquivamento; rapidez na localização e arquivamento, uma vez que trabalha com grupos de dois dígitos; expansão equilibrada do arquivo distribuído em três grandes grupos; possibilidades de divisão eqüitativa do trabalho entre os arquivistas.

*Desvantagens:* leitura não-convencional dos números; disposição física dos documentos de acordo com o sistema utilizado na leitura.

**Métodos por assunto.** Quase toda organização dispõe de certo número de documentos que devem, com vantagem, ser arquivados por ASSUNTO — os referentes à administração interna e suas atividades-fim.

Dependendo do volume de documentos a serem guardados por assunto, pode-se escolher métodos mais ou menos complexos, capazes de atender às necessidades.

O método de arquivamento por assunto não é, porém, de fácil aplicação, pois depende de interpretação dos documentos sob análise, além de amplo conhecimento das atividades institucionais. No entanto, é o mais aconselhado nos casos de grandes massas documentais e variedade de assuntos.

Comumente encontram-se pessoas que confundem assunto com tipo físico — espécie dos documentos — e adotam como classificação de assuntos atas, correspondência recebida e expedida, contratos, acordos, pareceres, telegramas, telex etc.

É evidente que as espécies documentais têm importância, mas devem ser adotadas como *subdivisões auxiliares.* Por exemplo:

Assistência jurídica
    Correspondência
    Pareceres
Edifícios e salas
    Contratos de locação
    Atas de reuniões de condomínio

O mesmo ocorre em relação à procedência dos documentos, como, por exemplo:

Admissão de pessoal
    para a Diretoria
    para o Departamento de Operações
    para o Departamento Comercial

É importante, pois, muita atenção por parte do responsável pela elaboração do plano de classificação para evitar tais distorções.

Não existem esquemas padronizados de classificação por assunto, como ocorre em relação à biblioteconomia – Classificação Decimal de Dewey (CDD) e Classificação Decimal Universal (CDU).

Assim, cada instituição deverá, de acordo com suas peculiaridades, elaborar seu próprio plano de classificação, onde os assuntos devem ser grupados sob títulos principais e estes subdivididos em títulos específicos, partindo-se sempre dos conceitos gerais para os particulares. O maior ou menor grau de detalhamento a ser estabelecido obedecerá às necessidades do próprio serviço.

A elaboração desse esquema, índice, plano ou código de assuntos exige um estudo completo da organização a que se destina (suas finalidades, funcionamento etc.), o qual deve ser complementado por um levantamento minucioso da documentação arquivada.

Recomenda-se que tal levantamento seja feito em fichas para facilitar a fase posterior de reunião dos assuntos em classes, grupos e subgrupos, de escolha de termos significativos para representá-los e, finalmente, de opção pelo método a ser adotado.

Objetivando a compreensão por parte de todos quantos ainda não estão familiarizados com este tipo de atividade, utilizam-se, no exemplo que se segue, termos conhecidos e assuntos bastante simples, de forma a ilustrar a dinâmica a ser obedecida no levantamento e na elaboração dos esquemas de assuntos.

Suponha-se que, em decorrência de uma campanha natalina, tenham sido arrecadados donativos sob as mais diversas formas e colocados num grande depósito, na medida em que eram recebidos, sem obedecer a qualquer espécie de ordenação.

Para que a distribuição dos donativos fosse procedida racionalmente, a comissão organizadora da campanha sentiu a necessidade, em primeiro lugar, de conhecer e classificar todo o material recebido.

Assim, depois de analisar o conteúdo do depósito, foram identificados quatro grandes grupos: vestuário, roupas de cama e mesa, alimentos e medicamentos. Havia ainda valores e alguns objetos que não se enquadravam em nenhum dos citados grupos, o que levou a comissão a criar um quinto grupo para donativos diversos.

Numa segunda etapa, observou-se que o grupo de vestuário era constituído de roupas e calçados para homens, mulheres e crianças, nos mais variados tipos e tamanhos.

Os artigos de cama e mesa também apresentavam variedades de formas e tamanhos, o mesmo acontecendo em relação aos demais grupos.

Percebendo-se a necessidade de um detalhamento maior, os grupos foram divididos em subgrupos menores, possibilitando a ordenação racional dos objetos e artigos de forma a facilitar a sua distribuição entre os interessados.

Como resultado desses estudos foi elaborado, então, o seguinte plano:

Vestuário
    roupas
        de homem
            camisas
            calças
            meias
            casacos
            paletós
        de mulher
            saias
            blusas
            meias
            casacos
            vestidos
        de criança
            recém-nascidos
            dc 1 a 4 anos
            de 5 a 10 anos
            de 10 a 15 anos
    calçados
        de homem
        de mulher
        de criança

Obs.: tanto as roupas como os calçados foram subdivididos por tamanho de manequim e número, dentro de cada categoria.

    Roupas de cama e mesa
        lençóis
            de solteiro
            de casal
        fronhas
            de solteiro
            de casal

colchas
- de solteiro
- de casal
- de cobertura

toalhas
- de banho
- de rosto
- de mesa

cobertores
- de solteiro
- de casal

Alimentos
- massas
- cereais
  - feijão
  - arroz
  - farinha
- enlatados
- doces

Medicamentos
- vermífugos
- antibióticos
- vitaminas

Donativos diversos
- valores
  - cheques
  - letras de câmbio
  - dinheiro em espécie
- jóias
- panelas
- móveis

Aplicando os mesmos procedimentos, suponha-se, agora, que uma instituição voltada para a pesquisa, o ensino e a editoração de publicações técnicas tenha optado pela organização de seus arquivos por assunto. Feitos os estudos e levantamentos preliminares, foram identificados, além dos assuntos de administração interna, três grupos que, por sua vez, foram subdivididos em subgrupos e divisões assim distribuídos:

Pesquisas
    Psicologia
        Aplicada ao trabalho
        Aplicada à educação
    Ciência política
    Administração
    Economia
        Desenvolvimento econômico
        Custo de vida

Cursos
    Formação
    Especialização
    Pós-graduação
        Mestrado
        Doutorado

Publicações
    Impressão
        de livros
        de periódicos
    Postos de vendas
    Exposições

Nos exemplos fornecidos procurou-se apenas demonstrar a linha de pensamento que, a partir do levantamento das atividades de uma instituição, servirá de base para a construção de um plano ou esquema de assuntos, sobre o qual serão aplicadas as técnicas do método de arquivamento escolhido como o mais indicado para cada caso.

No arquivamento por assunto podem ser adotados métodos alfabéticos e numéricos.

**Métodos alfabéticos.** Quando o volume e a diversidade de assuntos da documentação a ser arquivada são pequenos, deve-se adotar um método alfabético, que poderá obedecer à ordem dicionária ou à ordem enciclopédica.

Na *ordem dicionária*, os assuntos isolados são dispostos alfabeticamente, obedecendo-se somente à seqüência das letras.

    Exemplo:  Cursos de doutorado
                  Cursos de especialização

Cursos de formação
Cursos de mestrado
Cursos de pós-graduação
Exposições de publicações
Impressão de livros
Impressão de periódicos
Pesquisas de administração
Pesquisas de ciência política
Pesquisas de custo de vida
Pesquisas de desenvolvimento econômico
Pesquisas de economia
Pesquisas de psicologia aplicada à educação
Pesquisas de psicologia aplicada ao trabalho
Postos de vendas de publicações

Na *ordem enciclopédica*, os assuntos correlatos são grupados sob títulos gerais e dispostos alfabeticamente. Com a ordenação enciclopédica surgem os primeiros esboços de esquemas de classificação.

Exemplo: *Cursos*
   Especialização
   Formação
   Pós-graduação
    Doutorado
    Mestrado
 *Pesquisas*
   Administração
   Ciência política
   Economia
    Custo de vida
    Desenvolvimento econômico
   Psicologia
    Aplicada à educação
    Aplicada ao trabalho
 *Publicações*
   Exposições
   Impressão
    de livros
    de periódicos
   Postos de vendas

Conforme se pode observar, os assuntos já apresentados em exemplo anterior foram aqui dispostos alfabeticamente, obedecendo-se ora à ordem dicionária, ora à ordem enciclopédica, de acordo com o arranjo estabelecido em cada um desses métodos.

**Métodos numéricos.** Os métodos numéricos ideográficos ou de assuntos mais conhecidos são o duplex, o decimal e o unitermo, também conhecido como indexação coordenada.

Sendo métodos numéricos, é indispensável que, além do esquema ou plano de classificação, seja elaborado um índice alfabético remissivo.

Os métodos numéricos aplicados à classificação por assunto facilitam as operações, pois basta marcar, com um número (símbolo), cada papel para indicar o local exato onde ele deve ser arquivado. Além disso, é muito mais fácil fixar um número do que qualquer outro símbolo formado por letras.

## a) Método duplex

Nesse método a documentação é dividida em classes, conforme os assuntos, partindo-se do gênero para a espécie e desta para a minúcia.

Este método remove a dificuldade apresentada pelo método decimal relativamente à previsão antecipada de todas as atividades, pois o plano inicial não precisa ir além das necessidades imediatas, sendo abertas novas classes à medida que outras necessidades forem surgindo. Embora a quantidade de classes seja ilimitada, exige-se, porém, muito cuidado para não serem abertas pastas para assuntos, como primárias, de assuntos já incluídos em subclasses.

Exemplo: Uma instituição é criada com a finalidade de promover pesquisas e cursos, e editar publicações técnicas. Conseqüentemente, seu arquivo terá inicialmente as seguintes classes principais:

1. Pesquisas
2. Cursos
3. Publicações

Mais tarde, resolve prestar assistência técnica a outras instituições e desenvolver atividades de documentação e informação. Assim, em decorrência da ampliação de seu programa de trabalho, surge a necessidade de serem criadas duas novas classes: 4. Assistência Técnica e 5. Documentação e Informação, pois nenhuma dessas duas matérias enquadra-se nas três classes já existentes.

A ilustração a seguir demonstrará a estrutura do método duplex, no qual a relação entre as partes é indicada por um traço-de-união.

| | |
|---|---|
| 0 | Administração Geral |
| 1 | Pesquisas |
| 1-1 | Psicologia |
| 1-1-1 | Aplicada ao trabalho |
| 1-1-2 | Aplicada à educação |
| 1-2 | Ciência política |
| 1-3 | Administração |
| 1-4 | Economia |
| 1-4-1 | Desenvolvimento econômico |
| 1-4-2 | Custo de vida |
| 1-4-2-1 | no Rio de Janeiro |
| 1-4-2-2 | em São Paulo |
| 2 | Cursos |
| 2-1 | Formação |
| 2-2 | Especialização |
| 2-3 | Pós-graduação |
| 2-3-1 | Mestrado |
| 2-3-2 | Doutorado |
| 3 | Publicações |
| 3-1 | Impressão |
| 3-1-1 | de periódicos |
| 3-1-2 | de livros |
| 3-2 | Postos de vendas |
| 3-3 | Exposições |
| 4 | Assistência Técnica |
| 4-1 | Colaboração com outras instituições |
| 4-2 | Estágios em órgãos da empresa |
| 4-3 | Pedidos diversos de assistência e orientação técnicas |
| 5 | Documentação e Informação |
| 5-1 | Sistema de bibliotecas |
| 5-2 | Sistema de arquivos |
| 5-3 | Automação e processamento de dados |
| 5-3-1 | Sistemas |
| 5-3-1-1 | Documentação de sistemas |

O método duplex oferece as mesmas possibilidades do método decimal no que se refere a agrupamento de assuntos, permitindo, porém, abertura ilimitada de classes, razão pela qual é o mais preferido.

Apresenta, em contrapartida, algumas desvantagens: se não forem bem definidas as classes, encontraremos documentos que tratam do mesmo assunto arquivados em mais de um lugar.

## b) Método decimal

O método decimal empregado nos arquivos é baseado na técnica do Sistema Decimal de Melvil Dewey, ex-presidente da Associação dos Bibliotecários Americanos. Este sistema foi aceito pelo Instituto Bibliográfico de Bruxelas, que o ampliou. Hoje, é universalmente conhecido.

A Classificação Decimal de Dewey foi publicada em 1876, constando de uma tábua ou tabela de mil assuntos e de um índice que permite a sua rápida localização.

Esta classificação divide o saber humano em nove classes principais e uma décima reservada para os assuntos por demais gerais e que não podem ser incluídos em uma das nove classes preestabelecidas.

Cada classe é dividida da mesma forma em subclasses e uma décima para generalidades e assim sucessivamente, separando-se o número em classes de três algarismos por um ponto. A *parte inteira* do número é composta de três algarismos. A *parte decimal* pode não existir, como pode ter um, dois, três ou mais algarismos.

A divisão dos assuntos parte sempre do geral para o particular.

Ainda não há uma classificação universal para os arquivos. Assim, cada arquivo deverá fazer a sua própria classificação. Depois de um detido estudo do sistema de Dewey, aplicamos somente sua *técnica* e não a *classificação*.

Para que se torne possível levar a bom termo uma classificação desta ordem, é necessário fazer-se um estudo cuidadoso da instituição, família ou personalidade a que deverá servir o arquivo, e estabelecer o plano geral da classificação. O mais difícil é determinar quais as nove classes principais que compreendem em si toda e qualquer espécie de documentos produzidos ou recebidos pela instituição, família ou personalidade.

As 10 primeiras divisões são denominadas classes; as 10 seguintes, subclasses, e, a seguir, respectivamente, divisões, grupos, subgrupos, subseções etc.

A tábua, tabela ou esquema, com a classificação adotada, tem o nome de *classificador* ou *código* e não dispensa um índice alfabético.

A seguir um trecho da classificação de Dewey:

| *Classes* | | *Subdivisão da classe 6* | |
|---|---|---|---|
| 0 | Obras gerais | 600 | Ciências Aplicadas |
| 1 | Filosofia | 610 | Medicina |
| 2 | Religião | 620 | Engenharia |
| 3 | Ciências Sociais | 630 | Agricultura |
| 4 | Filologia | 640 | Ciências e Artes Domésticas |
| 5 | Ciências Puras | 650 | Serviços Gerenciais |
| 6 | Ciências Aplicadas | 660 | Indústrias Químicas |
| 7 | Belas-Artes | 670 | Manufaturas |
| 8 | Literatura | 680 | Manufaturas – Miscelânea |
| 9 | História e Geografia | 690 | Construção |

| *Subdivisão da subclasse 610* | | *Outra subdivisão* | |
|---|---|---|---|
| 610 | Medicina | 616 | Clínica Médica |
| 611 | Anatomia | 616.1 | Cardiologia |
| 612 | Fisiologia Humana | 616.2 | Sistema respiratório |
| 613 | Higiene Pessoal | 616.3 | Sistema digestivo |
| 614 | Saúde Pública | 616.4 | Sistema endócrino |
| 615 | Terapêutica | 616.5 | Dermatologia |
| 616 | Clínica Médica | 616.6 | Urologia |
| 617 | Cirurgia | 616.7 | Sistema muscular |
| 618 | Ginecologia | 616.8 | Neurologia |
| 619 | Pediatria | 616.9 | Diversas doenças do corpo |

E assim por diante. À medida que se apresenta um assunto, temos de procurar onde colocá-lo, partindo sempre do geral para o particular.

### A TÉCNICA DE DEWEY APLICADA A UM ARQUIVO

| 000 | Administração Geral |
| 100 | Pesquisas |
| 110 | Psicologia |
| 111 | Aplicada ao trabalho |
| 112 | Aplicada à educação |

| | |
|---|---|
| 120 | Ciência política |
| 130 | Administração |
| 140 | Economia |
| 141 |     Desenvolvimento econômico |
| 142 |     Custo de vida |
| 142.1 |         no Rio de Janeiro |
| 142.2 |         em São Paulo |
| 200 | Cursos |
| 210 |     Formação |
| 220 |     Especialização |
| 230 |     Pós-graduação |
| 231 |         Mestrado |
| 232 |         Doutorado |
| 300 | Publicações |
| 310 |     Impressão |
| 311 |         de periódicos |
| 312 |         de livros |
| 320 |     Postos de vendas |
| 330 |     Exposições |
| 400 | Assistência Técnica |
| 410 |     Colaboração com outras instituições |
| 420 |     Estágios em órgãos da empresa |
| 430 |     Pedidos diversos de assistência e orientação técnica |
| 500 | Documentação e Informação |
| 510 |     Sistema de bibliotecas |
| 520 |     Sistema de arquivos |
| 530 |     Automação e processamento de dados |
| 531 |         Sistemas |
| 531.1 |             Documentação de sistemas |
| 600 | (Vaga) |
| 700 | (Vaga) |
| 800 | (Vaga) |
| 900 | Assuntos Diversos |

O método decimal apresenta as seguintes vantagens: a) todos os assuntos relacionados com determinado tópico ficam reunidos em grupos; b) os números classificadores formam verdadeiras nomenclaturas fáceis de reter na memória; c) expansão ilimitada para as subdivisões dos assuntos.

Como desvantagens podemos mencionar: a) limitação de 10 números para a classificação; b) necessidade de se prever o desenvolvimento das atividades da instituição, bem como preparo e muita atenção do arquivista.

### Índice alfabético

Tanto no método duplex quanto no decimal, uma vez concluído o plano de classificação, deve-se elaborar imediatamente o índice alfabético, que funcionará como instrumento auxiliar na recuperação das informações.

A seguir será apresentado o índice correspondente aos exemplos oferecidos nos métodos duplex e decimal, razão pela qual aparecem as duas formas de numeração.

|  | Duplex | Decimal |
|---|---|---|
| Administração (pesquisas de) | 1-3 | 130 |
| Administração Geral | 0 | 000 |
| Arquivos (sistemas) | 5-2 | 520 |
| Assistência Técnica | 4 | 400 |
| Automação | 5-3 | 530 |
| Bibliotecas (sistema) | 5-1 | 510 |
| Ciência política (pesquisas) | 1-2 | 120 |
| Colaboração com outras instituições | 4-1 | 410 |
| Cursos | 2 | 200 |
|     Especialização | 2-2 | 220 |
|     Formação | 2-1 | 210 |
|     Pós-graduação | 2-3 | 230 |
|         Doutorado | 2-3-2 | 232 |
|         Mestrado | 2-3-1 | 231 |
| Custo de vida (pesquisas) | 1-4-2 | 142 |
| Desenvolvimento econômico (pesquisas) | 1-4-1 | 141 |
| Documentação e Informação | 5 | 500 |
| Documentação de sistemas | 5-3-1-1 | 531.1 |
| Economia (pesquisas) | 1-4 | 140 |
|     Custo de vida | 1-4-2 | 142 |
|     Desenvolvimento econômico | 1-4-1 | 141 |
| Educação | 1-1-2 | 112 |
| Estágios em órgãos da empresa | 4-2 | 420 |
| Exposições de publicações | 3-3 | 330 |
| Impressão de publicações | 3-1 | 310 |
| Informação | 5 | 500 |

continuação

|  | Duplex | Decimal |
|---|---|---|
| Livros (impressão) | 3-1-2 | 312 |
| Pedidos diversos de assistência e orientação técnica | 4-3 | 430 |
| Periódicos (impressão) | 3-1-1 | 311 |
| Pesquisas | 1 | 100 |
|    Administração | 1-3 | 130 |
|    Ciência política | 1-2 | 120 |
|    Economia | 1-4 | 140 |
|    Psicologia | 1-1 | 110 |
| Postos de vendas | 3-3 | 330 |
| Processamento de dados | 5-3 | 530 |
| Psicologia (pesquisas) | 1-1 | 110 |
|    Aplicada à educação | 1-1-2 | 112 |
|    Aplicada ao trabalho | 1-1-1 | 111 |
| Publicações | 3 | 300 |
|    Exposições | 3-3 | 330 |
|    Impressão | 3-1 | 310 |
|    Postos de venda | 3-2 | 320 |
| Sistemas |  |  |
|    de arquivos | 5-2 | 520 |
|    de bibliotecas | 5-1 | 510 |
|    de processamento de dados | 5-3 | 530 |
| Trabalho (pesquisas) | 1-1-1 | 111 |
| Vendas de publicações | 3-2 | 320 |

## c) Unitermo ou indexação coordenada

O método unitermo ou indexação coordenada foi desenvolvido por Mortimer Taube, nos EUA, em princípios de 1950.

Embora não se recomende sua aplicação nos arquivos convencionais, a indexação coordenada vem sendo utilizada, com grande êxito, principalmente nos arquivos especiais e especializados.

O método consiste em se atribuir a cada documento, ou grupo de documentos, um número em ordem crescente, de acordo com sua entrada no arquivo. Esse número, denominado número de registro, controlado através de livro próprio, deve ser assinalado no documento, em lugar visível e previamente determinado.

Figura 19
*Ficha-índice*

| CONSELHOS DIRETOR E CURADOR | Nº 0004 |
| --- | --- |
| | Palavras-chave Descritores |
| Resumo: Reunião conjunta dos Conselhos Diretor e Curador, para deliberar sobre Relatório e Prestação de Contas, relativos a 1982. Rio de Janeiro, auditório do 12º andar, 24 de março de 1983.<br><br>5 fot. b/p.<br><br>Informativo, 2(4):72-5, abr. 1983. | Conselho Curador (FGV)<br>Conselho Diretor (FGV)<br>Reuniões<br>Barbosa, Manoel<br>Brito, Oswaldo<br>Vital, Hugo<br>Xavier, Pedro |

Sua finalidade é identificar e localizar o documento quando solicitado.

Uma vez numerado, procede-se à análise do documento, de onde devem ser destacados todos os elementos identificadores que servirão à pesquisa posterior: nomes, assuntos, fatos ou acontecimentos, datas, lugares, fenômenos, objetos etc. Tais elementos devem ser transcritos em uma ficha-índice, sob a forma de palavras-chave, quando os termos forem extraídos dos documentos analisados, ou descritores, quando utilizadas palavras constantes de um ou mais *Thesauri* técnicos (vocabulário controlado). Para os assuntos deve ser cuidadosamente elaborada uma relação de termos específicos, e, sobretudo, precisos, com as remissivas necessárias, a fim de se evitar o emprego de sinônimos e palavras diferentes para expressar uma mesma idéia ou conceito.

Da ficha-índice devem constar ainda outras informações complementares sobre a apresentação física do documento, a quantidade, a referência bibliográfica em caso de publicação etc.

A ficha-índice, além de fornecer uma descrição pormenorizada dos documentos a que se refere, funciona como instrumento de controle dos números de registro e do acervo.

Para cada palavra-chave prepara-se uma ficha, dividida em 10 colunas, numeradas de 0 a 9. O número de registro é transcrito na ficha ou fichas correspondentes às palavras-chave escolhidas para sua identificação, na coluna cujo algarismo coincidir com o final do número atribuído ao documento.

GESTÃO DE DOCUMENTOS 91

Exemplo:

| 20 | coluna | 0 |
| 29 | coluna | 9 |
| 48 | coluna | 8 |
| 101 | coluna | 1 |

As fichas-índice são arquivadas em ordem numérica e as demais em rigorosa ordem alfabética dos descritores ou palavras-chave.

Os documentos são arquivados em ordem numérica — número de registro — em pastas, envelopes ou caixas.

A pesquisa é feita por intermédio das fichas de palavras-chave, as quais devem ser consultadas superpostas, uma vez que o método aqui descrito funciona à base de comparação. Superpondo-as, verifica-se qual o número ou números que aparecem nas fichas selecionadas; estes corresponderão aos documentos desejados.

No exemplo apresentado em seguida, pode-se observar que os números 0004 e 0210 aparecem nas três fichas consultadas, indicando, assim, os documentos desejados.

Figura 20

VITAL, Hugo

| 0 | 1 | 2 | 3 | 4 | 5 | 6 | 7 | 8 | 9 |
|---|---|---|---|---|---|---|---|---|---|
| 0110 | 0011 | 0172 | 0073 | 0004 | 0135 | 0126 | 0227 | 0078 | 0269 |
| 0140 | 0111 | 0242 | 0153 | 0124 | 0225 | 0136 | 0297 | 0168 | |
| 0150 | 0181 | 0252 | 0183 | 0184 | 0275 | 0196 | | 0178 | |
| 0210 | 0271 | | 0193 | | 0285 | 0226 | | 0248 | |
| | | | | | | 0286 | | 0258 | |

REUNIÕES

| 0 | 1 | 2 | 3 | 4 | 5 | 6 | 7 | 8 | 9 |
|---|---|---|---|---|---|---|---|---|---|
| 0210 | 0111 | 0102 | 0003 | 0004 | 0005 | 0006 | 0117 | 0228 | 0279 |
| | | | 0273 | 0294 | | 0226 | 0227 | 0288 | |
| | | | | | | | 0287 | | |

CONSELHO DIRETOR DA FGV

| 0 | 1 | 2 | 3 | 4 | 5 | 6 | 7 | 8 | 9 |
|---|---|---|---|---|---|---|---|---|---|
| 0210 | 0091 | | | 0004 | | 0126 | | | |

A aplicação da indexação coordenada, se desaconselhada para documentos textuais em geral, é recomendável para arquivos fotográficos, sonoros e outros arquivos constituídos de documentos especiais tais como projetos, plantas, desenhos técnicos, catálogos industriais etc.

## Métodos padronizados

Com a evolução das empresas, a intensificação do comércio, o afã da industrialização e outros fatores, métodos novos foram surgindo para que os arquivos melhor atendessem às necessidades das organizações.

Juntamente com os números e as letras, foi empregado também o artifício das cores, em combinação com os anteriores.

Entre os métodos padronizados pode-se citar: o variadex, o automático, o soundex, o rôneo e o mnemônico.

Aqui se abordará apenas o variadex por ser o mais conhecido e de uso mais comum. O automático e o soundex não têm aplicação prática nos arquivos brasileiros; o rôneo e o mnemônio são obsoletos.

*Método variadex.* Este método é uma variante do alfabético.

Com o objetivo de minimizar as dificuldades apresentadas pelo método nominal, a Remington Rand concebeu o método variadex, introduzindo as cores como elementos auxiliares para facilitar não só o arquivamento, como a localização de documentos.

A idéia do método consiste basicamente em dividir os arquivos em seções menores, restringindo, assim, o campo de pesquisa e a manipulação de pastas ou fichas.

Neste método, concebido pela Remington, trabalha-se com uma chave constituída de cinco cores:

Figura 21

| *Letras* | *Cores* |
|---|---|
| A, B, C, D e abreviações | ouro |
| E, F, G, H e abreviações | rosa |
| I, J, K, L, M, N e abreviações | verde |
| O, P, Q e abreviações | azul |
| R, S, T, U, V, W, X, Y, Z e abreviações | palha |

Como seria impossível determinar-se uma cor para cada letra do alfabeto, uma vez que seriam necessárias 26 cores distintas para representar o alfabeto, as cores da chave devem ser atribuídas às projeções das pastas em função da *segunda letra* do nome de entrada e não da inicial, a qual indicará a seção alfabética correspondente para sua ordenação. Assim, pode-se concluir que em cada letra do alfabeto existirão pastas nas cinco cores da chave.

Exemplo:

Figura 22

| Nomes | Entrada | Cores |
|---|---|---|
| C. Catram, S.A. | C̲. (abreviação) | ouro |
| Décourt, Maria Luiza | Décourt | rosa |
| Figueiredo, Hugo | Figueiredo | verde |
| Flores, José Antonio | Flores | verde |
| Pontes, Armando | Pontos | azul |
| Trota, Luiz | Trota | palha |

Estes dossiês estariam arquivados, respectivamente, nas letras C, D, F, F, P e T, e as notações estariam inscritas em projeções (etiquetas) nas cores ouro, rosa, verde, azul e palha.

Quando adotado o método variadex deve-se utilizar pastas com projeções; nos fichários, as fichas devem ser coloridas.

Quanto à posição das projeções, o método é muito semelhante ao alfabético comum: na primeira posição coloca-se a guia alfabética; na segunda posição, a pasta de diversos; na terceira e quarta posições, as pastas com nomes especiais e as guias-fora.

A grande vantagem do variadex é que, adotando várias cores dentro de cada letra do alfabeto, o trabalho se reduz em até 80%, evitando-se, desta forma, arquivamentos errôneos e agilizando-se a pesquisa.

As cores da chave são cambiáveis em função de nossas conveniências. Sendo o trabalho de arquivo criativo por excelência, sugere-se uma chave na qual as abreviações recebem cor especial — o branco — para representá-las.

Finalizando, é conveniente lembrar que artifícios como números e cores, especialmente estas últimas, não devem ser utilizados apenas como enfeite ou com a intenção de dar melhor aparência aos arquivos, e sim como elemento coadjuvante da pesquisa.

## Método alfanumérico

O método alfanumérico não é nem considerado básico, pois foi concebido a partir do alfabético nominal, e nem padronizado, uma vez que sua aplicação independe de equipamentos e acessórios especiais, tais como pastas, guias, projeções etc.

Conforme já foi assinalado, uma das vantagens do método alfabético nominal é a possibilidade de arquivamentos errôneos, que ocorrem não só pela existência de nomes e palavras com a mesma pronúncia e grafia semelhante, mas não igual, como pelo grande volume de documentos a serem arquivados.

Tais dificuldades podem ser contornadas pelo uso de cores, conforme já se viu no método variadex, ou ainda empregando-se números, como acontece com o método alfanumérico.

Este método trabalha com uma tabela constituída de divisões do alfabeto, previamente planejadas a critério do profissional responsável pela sua elaboração e numeradas em ordem crescente. Usam-se notações fechadas para se evitar que, uma vez numeradas, as divisões sejam alteradas.

Quaisquer ampliações ou reduções na tabela implicarão renumeração de todos os documentos.

Exemplo:

| | | | | | | | |
|---|---|---|---|---|---|---|---|
| Aa-Af | = | 1 | Ed-Eg | = | 18 | Jm-Jo | = | 35 |
| Ag-Al | = | 2 | Eh-El | = | 19 | Jp-Jz | = | 36 |
| Am-As | = | 3 | Em-Ep | = | 20 | Ka-Kz | = | 37 |
| At-Az | = | 4 | Eq-Er | = | 21 | La-Le | = | 38 |
| Ba-Bl | = | 5 | Es-Ez | = | 22 | Lf-Lh | = | 39 |
| Bm-Bz | = | 6 | Fa-Fl | = | 23 | Li-Lo | = | 40 |
| Ca-Ch | = | 7 | Fm-Fz | = | 24 | Lp-Lr | = | 41 |
| Ci-Cl | = | 8 | Ga-Gi | = | 25 | Ls-Lz | = | 42 |
| Cm-Co | = | 9 | Gj-Gl | = | 26 | Ma-Me | = | 43 |
| Cp-Cz | = | 10 | Gm-Gz | = | 27 | Mf-Mi | = | 44 |
| Da-De | = | 11 | Ha-Hi | = | 28 | Mj-Mo | = | 45 |
| Df-Dh | = | 12 | Hj-Ho | = | 29 | Mp-Ms | = | 46 |
| Di-Dl | = | 13 | Hp-Hz | = | 30 | Mt-Mz | = | 47 |
| Dm-Do | = | 14 | Ia-Im | = | 31 | Na-Nl | = | 48 |
| Dp-Dr | = | 15 | In-Iz | = | 32 | Nm-Nz | = | 49 |
| Ds-Dz | = | 16 | Ja-Jf | = | 33 | Oa-Oh | = | 50 |
| Ea-Ec | = | 17 | Jg-Jl | = | 34 | Oi-Ol | = | 51 |

| | | | | | | | | | | |
|---|---|---|---|---|---|---|---|---|---|---|
| Om-Op | = | 52 | Ro-Rp | = | 65 | To-Tu | = | 78 |
| Oq-Oz | = | 53 | Rq-Rs | = | 66 | Tv-Tz | = | 79 |
| Pa-Pf | = | 54 | Rt-Rz | = | 67 | Ua-Ue | = | 80 |
| Pg-Ph | = | 55 | Sa-Si | = | 68 | Uf-Uh | = | 81 |
| Pi-Pl | = | 56 | Sj-Sl | = | 69 | Ui-Um | = | 82 |
| Pm-Pp | = | 57 | Sm-So | = | 70 | Un-Uz | = | 83 |
| Pq-Pz | = | 58 | Sp-St | = | 71 | Va-Ve | = | 84 |
| Qa-Qu | = | 59 | Su-Sw | = | 72 | Vf-Vl | = | 85 |
| Qv-Qz | = | 60 | Sx-Sz | = | 73 | Vm-Vz | = | 86 |
| Ra-Re | = | 61 | Ta-Te | = | 74 | Wa-Wz | = | 87 |
| Rf-Rh | = | 62 | Tf-Ti | = | 75 | Xa-Xz | = | 88 |
| Ri-Rl | = | 63 | Tj-Tl | = | 76 | Ya-Yz | = | 89 |
| Rm-Rn | = | 64 | Tm-Tn | = | 77 | Za-Zz | = | 90 |

Assim, as pastas individuais teriam como notação os nomes colocados após o número correspondente à sua divisão alfabética.

Exemplos: 1 —Acrísio, Paulo (Aa-Af = 1)
          1 —Afonseca, João (Aa-Af = 1)
          2 —Almeida, Mário (Ag-Al = 2)
          2 —Alonso, Ernesto (Ag-Al = 2)
          3 —Amaral, Roberto (Am-As = 3)
          4 —Atila, Jorge (At-Az = 4)

Neste método, as pastas miscelânea terão por notação apenas o número correspondente à sua divisão.

Exemplo: 13 — Di-Dl

Para se arquivar ou rearquivar uma pasta, procura-se inicialmente o número da divisão alfabética e, só então, dentro da divisão, é que nos atemos à seqüência alfabética, restringindo, assim, as possibilidades de erro.

Sua desvantagem consiste na prévia determinação do número de divisões alfabéticas que deverão compor a tabela, devendo-se, portanto, para isso, proceder a cuidadoso estudo sobre o grau de incidência de nomes, letra por letra.

## 1.3.2 Operações de arquivamento

Antes de prosseguir, é oportuno fazer uma pausa nesta caminhada pelas técnicas de arquivo para refletir um pouco sobre a razão de tantos conceitos, princípios, métodos e rotinas de trabalho até aqui descritos.

A resposta é bastante simples: preservar a memória das instituições como prova de suas atividades no tempo e no espaço e fornecer ao usuário do arquivo informações precisas, completas e no mais curto espaço de tempo.

Para isso, é preciso ter sempre em mente que todo o arsenal metodológico utilizado nos arquivos não tem um fim em si mesmo.

Com freqüência e apreensão, verifica-se uma preocupação exagerada não só com fichas, recibos, protocolos, guias de remessa, numeração de documentos, bem como com a microfilmagem e a automação, e nenhuma, ou quase nenhuma, atenção quanto à correta ordenação do acervo e um atendimento eficiente ao usuário. Em geral, isto ocorre quando os serviços de arquivo são dirigidos e exercidos por leigos, sem nenhuma formação arquivística, que ocupam tais cargos no falso pressuposto de que arquivo é apenas bom senso.

O resultado é que o objetivo dos arquivos se perde na malha da burocracia, transformando-os em meros depósitos de papelório, ou exposição permanente de equipamentos sofisticados.

Não se deve temer, pois, afirmar que todas as ações desenvolvidas num arquivo têm uma única finalidade: recuperar rapidamente a informação devidamente organizada.

Assim, de nada adiantam ambientes requintados, equipamentos modernos, métodos avançados, diversidade de controles, geralmente inúteis, se os documentos não estão reunidos adequadamente e não podem ser rapidamente localizados.

O arquivista exercerá suas tarefas visando sempre à perfeita formação dos acervos e à utilização otimizada dos documentos pelo usuário, seja ele o administrador ou o pesquisador.

Dentre essas tarefas, o arquivamento, isto é, a guarda propriamente dita do documento, deve ser procedido com todo cuidado e atenção, uma vez que o futuro da documentação de uma instituição dependerá do bom ou do mau tratamento que for dispensado aos documentos em sua fase corrente.

Por isso, antes de se guardar os documentos no arquivo, isto é, nas pastas, dossiês e móveis correspondentes, o arquivista deverá obedecer a uma seqüência de etapas.

Da precisão com que estas forem cumpridas dependerá o correto arquivamento dos documentos.

Embora, na prática, tais etapas sejam vencidas uma após outra sem que se perceba onde se iniciam e onde terminam, cada uma delas será aqui examinada separadamente, a saber: inspeção, estudo, classificação, codificação, ordenação e guarda dos documentos.

## Inspeção

Nesta primeira etapa, o arquivista examina cada documento para *verificar* se os mesmos se destinam ao arquivamento. Tal verificação se procede mediante a leitura do último despacho ou pela observância de uma rotina preestabelecida.

Exemplos:

Despacho: Arquive-se, para arquivamento etc.
Rotina:     Após a numeração, o projeto será arquivado; a cópia azul será arquivada em ordem cronológica etc.

Embora na maioria das vezes o destino dos documentos remetidos ao arquivo seja o arquivamento, é indispensável que se proceda à inspeção, pois ocorre com certa freqüência que estes se dirijam ao arquivo para solicitar uma informação, ser anexado ou apensado a outro, ou ainda para aguardar alguma exigência.

## Estudo

Consiste na *leitura* cuidadosa de cada documento para verificar a *entrada* que lhe deverá ser atribuída, a existência de antecedentes, bem como a necessidade de serem feitas referências cruzadas (figura 23).

## Classificação

Concluído o estudo do documento, o arquivista passa à etapa de classificação, que consiste na *determinação* da entrada e das referências cruzadas que lhe serão atribuídas.

A classificação se fundamenta basicamente na *interpretação* dos documentos. Para isso, é indispensável conhecer o funcionamento e as atividades desenvolvidas pelos órgãos que recebem e produzem os documentos remetidos ao arquivo. Outro fator que contribui substancialmente para uma correta classificação é a maneira pela qual o documento será solicitado.

A observância dessa orientação é importante, especialmente quando se trata de arquivamento por assunto.

Resumindo, todos os documentos *de, para* ou *sobre* uma pessoa, assunto ou acontecimento devem estar classificados sob o mesmo título e arquivados juntos, formando, assim, uma unidade de arquivamento, a qual denominamos dossiê.

Figura 23

| | FOLHA DE REFERÊNCIA | ANO |
|---|---|---|

CABEÇALHO DO ASSUNTO

ASSUNTO:

DOCUMENTO:
Nº
DATA
ESPÉCIE
REMETENTE
DESTINATÁRIO

VER

É preciso que se chame a atenção para a correlação existente entre classificação de assuntos e formação de dossiês.

Com o objetivo de facilitar os trabalhos de recuperação da informação, de análise e avaliação de documentos para guarda ou eliminação, recomenda-se que, dentro de uma mesma classificação de assuntos, sejam constituídos dossiês próprios para cada caso específico, separando-os dos demais que tratem de generalidades.

Suponha-se que, no plano de classificação adotado por uma instituição, o código numérico para congressos e conferências seja 920. O arquivista deverá manter no arquivo uma pasta geral com a notação *920 — Congressos e Conferências*, onde serão arquivados documentos relativos a convites não-aceitos, ou não-respondidos, para participar de eventos dessa natureza, folhetos e informações diversas sobre congressos e conferências etc. Para cada congresso ou conferência promovido pela instituição ou que contar com a sua participação, deverá ser constituído um dossiê especial.

Dentro da classificação, poder-se-á dispor os dossiês em ordem alfabética do título do evento ou em ordem cronológica de sua realização.

Dentro das gavetas do arquivo, as pastas seriam assim dispostas:

Se adotada a ordem alfabética dos eventos:

920 — Congressos, conferências (geral)
920 — Conferência de Documentação (1º) 20 a 26-02-74
920 — Conferência de Documentação (3º) 05 a 07-08-83
920 — Conferência de Processamento de Dados (10º) 02 a 04-09-81
920 — Congresso Brasileiro de Arquivologia (4ª) 16 a 21-10-80
920 — Congresso Brasileiro de Arquivologia (5ª) 17 a 22-10-82
920 — Congresso Nacional de Informação (1ª) 5 a 12-03-75

Se adotada a ordem cronológica do evento:

920 — Congressos, conferências (geral)
920 — 20 a 26-02-74    1º Conferência de Documentação
920 — 05 a 12-03-75    1ª Congresso Nacional de Informação
920 — 16 a 21-10-80    4ª Congresso Brasileiro de Arquivologia
920 — 02 a 04-09-81    10º Conferência de Processamento de Dados
920 — 17 a 22-10-82    5ª Congresso Brasileiro de Arquivologia
920 — 05 a 07-08-83    3º Conferência de Informação

### Codificação

Na etapa de codificação, o arquivista apõe, nos documentos, os símbolos correspondentes ao método de arquivamento adotado: letras, números, letras e números e cores.

Recomenda-se que a codificação seja feita a lápis, a fim de possibilitar eventuais correções. A codificação reduz o tempo de ordenação, facilita o arquivamento e a localização.

### Ordenação

É a disposição dos documentos de acordo com a classificação e a codificação dadas. Nessa operação os documentos podem ser dispostos em pilhas, escaninhos ou classificadores, enquanto as fichas devem ser separadas por guias. São dois os objetivos da ordenação:

- Agilizar o arquivamento: gaveta e pasta são abertas apenas uma vez, o movimento é feito em uma só direção.
- Racionalização do trabalho: reunião dos documentos de uma mesma pessoa ou sobre um mesmo assunto antes que o arquivista se dirija ao móvel arquivador.

### Guarda dos documentos (arquivamento propriamente dito)

É a colocação do documento na respectiva pasta, caixa, arquivo ou estante. Da atenção dispensada a esta operação, como também às demais, dependerá o êxito do trabalho. Um documento arquivado erradamente pode ficar perdido, embora esteja "guardado" dentro do móvel.

### 1.3.3 Rotinas

Para que o arquivamento dos documentos se proceda de forma correta, o arquivista deverá seguir determinadas rotinas, as quais se sugere como subsídio:

| *Passos* | *Rotinas* |
|---|---|
| 1 | Receber os documentos e examiná-los a fim de não serem guardados aqueles cujas ações ainda não tenham sido concluídas |
| 2 | Verificar a classificação atribuída no ato do recebimento, ratificando-a ou retificando-a |

continuação

| Passos | Rotinas |
|---|---|
| 3 | Promover a restauração das folhas em mau estado de conservação |
| 4 | Classificar as cópias da correspondência expedida, anotando o código adotado em todas as cópias |
| 5 | Preencher as Folhas de Referência no caso de o documento exigir mais de uma classificação |
| 6 | Encaminhar a cópia em papel de cor distinta das demais ao órgão que elaborou a correspondência |
| 7 | Arquivar uma cópia por assunto, no dossiê próprio, acompanhada dos antecedentes que lhe deram origem, se for o caso |
| 8 | Arquivar outra cópia em ordem numérico-cronológica |
| 9 | Arquivar todos os documentos de acordo com o método adotado |
| 10 | Conservar em ordem os documentos arquivados |
| 11 | Avaliar as gavetas do *arquivo corrente*, transferindo ou recolhendo o material de consulta para o *arquivo intermediário* ou *permanente*, ou ainda propondo a eliminação dos documentos que tenham perdido o seu valor documental ou correspondam a duplicatas desnecessárias (ver item Destinação) |
| 12 | Dar as buscas necessárias para atender aos pedidos de antecedentes feitos pelo setor de recebimento e classificação ou a esclarecimentos solicitados pelo setor de registro e movimentação |
| 13 | Lavrar as certidões mandadas fornecer pela autoridade competente |

## 1.4 Empréstimo e consulta

Esta é, sem dúvida, uma atividade nobre dos arquivos, uma vez que corresponde à própria essência de sua formação: servir à administração e à história.

Todo trabalho arquivístico, do recebimento ao arquivamento, é desenvolvido visando à recuperação rápida e completa da informação. É importante, pois, que o arquivista não se perca no meio do caminho e enverede pelos atalhos dos controles excessivos, dos registros inúteis, da má utilização da tecnologia moderna e tantos outros que possam desviá-lo do objetivo a ser alcançado.

Assim, todas as operações efetuadas no curso do trabalho arquivístico devem estar voltadas para a utilização racional das informações. Daí a importância do bom relacionamento entre arquivistas e usuários, uma vez que a eficiência dos arquivos depende também destes últimos.

Na verdade, pode-se afirmar que não só o usuário do arquivo como todos os demais servidores de uma instituição interferem na sua constituição.

Para ilustrar, são citadas a seguir algumas situações do cotidiano: um diretor que viaja levando documentos do arquivo e esquece de devolvê-los; um executivo que entrega a um especialista um dossiê para ser examinado, sem que seja cobrada sua restituição; uma secretária que, a pedido ou não de seu superior, retém os documentos em lugar de remetê-los ao arquivo, formando o que se costuma chamar de *arquivos paralelos;* um funcionário que retira papéis das pastas para duplicá-los e não os repõe no devido lugar; um mensageiro que distribui erradamente os papéis.

Essas ocorrências provocam lacunas nos conjuntos documentais, muitas vezes com graves conseqüências.

Outro aspecto que envolve a segurança dos arquivos diz respeito a consulta e empréstimo. De modo geral, é adotado o seguinte critério: documentos de arquivo só podem ser consultados ou cedidos, por empréstimo, aos órgãos que os receberam ou produziram, aos órgãos encarregados das atividades a que se referem os documentos e às autoridades superiores, *na mesma linha hierárquica.* Por exemplo: uma folha de pagamento só deve ser emprestada aos funcionários do Serviço de Pessoal, ao diretor administrativo e ao presidente da instituição. Suponha-se, entretanto, que o diretor de Produção Industrial solicite ao Arquivo folhas de pagamento para realizar um trabalho estatístico; o Arquivo só poderá emprestá-las com a autorização do Serviço de Pessoal, uma vez ser este o órgão responsável pela sua elaboração.

Recomenda-se ainda que, salvo em casos excepcionais, os documentos jamais sejam retirados das pastas para empréstimo. Para facilitar a consulta, o arquivista poderá assinalar na pasta, com uma tira de papel, onde se encontra o documento desejado.

Quanto aos prazos para empréstimo de dossiês, sugere-se que devam estar compreendidos numa faixa de 10 dias, podendo, entretanto, ser renovados mediante sua apresentação ao Arquivo.

Considerando-se as implicações éticas e os riscos que acompanham o empréstimo de documentos, é indispensável que se exerça o seu controle, no sentido não só de garantir a integridade do acervo, como também de informar com segurança onde se encontra a documentação.

Nesta fase deverá ser utilizada a *guia-fora*, que ficará no lugar da pasta, juntamente com o Recibo de Dossiê (figura 24). Este deve conter os seguintes dados: data da retirada, nome de quem retirou e sua unidade administrativa, índice da pasta, assinatura de quem retirou e do arquivista responsável pelo empréstimo.

O emprego da *guia-fora* facilita o rearquivamento e possibilita a cobrança das pastas não-devolvidas no prazo estipulado.

Para facilitar sua cobrança, deve ser instituído o *fichário de lembretes ou vigilância contínua* (*follow-up*) para controle de prazos, que poderá ser organizado em diversas modalidades. A mais simples é constituída de 12 guias de projeções centrais, com notações correspondentes aos meses, e mais 31 guias com projeções em cinco posições, correspondendo aos dias do mês. Diariamente o fichário deverá ser consultado e cobrados e/ou renovados os empréstimos.

### 1.4.1 Rotinas

Para que a operação de empréstimo seja efetuada com os cuidados requeridos, tornam-se necessárias algumas rotinas básicas.

| *Passos* | *Rotinas* |
|---|---|
| 1 | Atender às requisições oriundas dos vários órgãos |
| 2 | Preencher em duas vias o formulário Recibo de Dossiê |
| 3 | Colocar a segunda via no lugar da pasta retirada para empréstimo |
| 4 | Arquivar a primeira via assinada pelo requisitante no fichário de lembretes — *follow-up* —, em ordem cronológica para efeito de controle de prazos |
| 5 | Preencher e encaminhar o formulário Cobrança de Dossiê (figura 25) quando a pasta não tiver sido restituída no prazo estipulado |
| 6 | Arquivar a pasta e eliminar a segunda via do recibo |
| 7 | Apor o carimbo RESTITUÍDO (figura 26) na primeira via assinada pelo requisitante e devolvê-la |

Figura 24
*Recibo de dossiê*

```
ARQUIVO                                              Nº
              RECIBO DE DOCUMENTAÇÃO
CLASSIFICAÇÃO DECIMAL _____
_____
_____
PEDIDO POR _____
EM_____ DE _____ DE 19___
              ENCAMINHEI              RECEBI
              ..................      ..................
                 Arquivista              Responsável
```

Figura 25
*Cobrança de dossiê*

---

COBRANÇA DE DOSSIÊ

Solicitamos a devolução da documentação abaixo relacionada ou o pedido de renovação do respectivo empréstimo. Em caso de renovação, queira indicar o prazo e restituir este formulário ao Arquivo Central.

Renovar até_____

    Rio de Janeiro,    de        de 19

_____
Arquivista

---

Figura 26
*Carimbo de restituição*

**RESTITUÍDO**
Em___/___/___

## 1.5 Destinação

Alguns documentos têm valor temporário e outros têm valor permanente e jamais deverão ser eliminados.

Há documentos que freqüentemente são usados como referência, há outros aos quais se faz referência com menos freqüência ou quase não são usados e ainda existem aqueles que, após a conclusão do assunto, não sofrem nenhum uso ou referência.

Devido a essas diferenças relativas ao *valor* e à *freqüência* de uso dos documentos, a *avaliação*, a *seleção*, a *eliminação* de documentos devem ser cuidadosamente estudadas, planejadas e implantadas.

## 1.5.1 Análise, avaliação, seleção e eliminação

Essa seqüência de operações consiste em estabelecer o prazo de vida dos documentos, de acordo com seus valores probatório ou informativo. Assim como os museus não conservam em seu poder todas as pinturas existentes, da mesma forma torna-se destituído de lógica que uma instituição conserve indefinidamente todos os documentos que receba ou produza.

Os museus de arte fazem uma triagem das pinturas a conservar, em função do *valor*, e as instituições também devem verificar o *valor* de cada documento e determinar os que serão conservados ou eliminados — destruídos, vendidos ou doados.

O valor do documento é determinado em função de todas as suas possíveis finalidades e também do tempo de vigência dessas finalidades.

Em relação ao seu valor, os documentos podem ser:

PERMANENTES VITAIS — Aqueles que devem ser conservados indefinidamente por serem de importância vital para a organização.

PERMANENTES — Os que, pela informação que contêm, devem ser conservados indefinidamente.

TEMPORÁRIOS — Quando se pode determinar um prazo ou determinada data em que cessa o valor do documento.

A eliminação não pode ser feita indiscriminadamente, nem deve basear-se simplesmente em datas ou períodos rígidos, ao fim dos quais se possa destruir tudo.

Há que se proceder criteriosamente, estabelecendo prazos sim, mas baseados nos valores atribuídos aos diversos documentos, de acordo com o seu conteúdo, com as informações neles contidas e jamais em razão da espécie documental ou apresentação física.

Assim, os estudos para determinação da caducidade devem ser feitos por comissão idônea, usualmente denominada Comissão de Análise de Documentos, constituída por membros efetivos e eventuais. Os efetivos são o chefe do Arquivo e representantes dos órgãos administrativo, financeiro e jurídico. Os membros eventuais são os representantes do órgão-fim, os quais só serão convocados à medida que forem sendo analisados os documentos relativos às suas atividades.

Os princípios básicos que deverão nortear o trabalho de análise da comissão consistem em verificar:

- importância do documento com relação aos valores administrativo, probatório ou histórico;
- possibilidade e custo de reprodução (microfilmagem);
- espaço, equipamento utilizado e custo do arquivamento;
- prazos de prescrição e decadência de direitos (legislação vigente);
- número de cópias existentes e locais onde os dados são anotados.

### Instrumentos de destinação

São atos normativos elaborados pelas comissões de análise, nos quais são fixadas as diretrizes quanto ao tempo e local de guarda dos documentos. Há dois instrumentos básicos: *tabela de temporalidade* e *lista de eliminação*.

*Tabela de temporalidade.* É o instrumento de destinação que determina os prazos em que os documentos devem ser mantidos nos arquivos correntes e/ou intermediários, ou recolhidos aos arquivos permanentes, estabelecendo critérios para microfilmagem e eliminação.

A tabela de temporalidade só deve ser aplicada após sua aprovação pela autoridade competente. Nela os documentos são descritos de forma clara para se evitar interpretações erradas, especialmente quando se tratar de sua eliminação.

Exemplos:

*Cartões de ponto*

Conservar por *sete anos* no Serviço de Pessoal, ou no Arquivo Intermediário, eliminando em seguida, uma vez que, pelo item XXIX do artigo 7º da Constituição Federal, promulgada em 5-10-1988, os créditos trabalhistas prescrevem em cinco anos, no curso do contrato de trabalho. No caso de rescisão de contrato, o empregado poderá reclamar até o limite de dois anos os créditos não prescritos no decorrer do contrato.

*Edifícios*

1. *Condomínio e limpeza*
- recibos: conservá-los pelo prazo de *cinco anos* no órgão, *eliminando-os* após.

- se houver algum contrato, conservá-lo no arquivo permanente em *caráter definitivo*.

2. *Conservação e obras*
- recibos e documentos análogos sobre pagamentos.
    - originais: arquivá-los por *dois anos* no arquivo corrente, transferindo-os após ao arquivo intermediário, onde serão preservados por mais *três anos*. Findo esse prazo serão *microfilmados* e *eliminados*. Os microfilmes serão conservados no arquivo permanente;
    - cópias: conservá-las na Superintendência dos Imóveis por *dois anos*.
- orçamento: conservá-lo no arquivo corrente pelo prazo de *três anos* para confrontações, *eliminando-o* após.
- contratos.
    - originais: conservá-los no arquivo permanente em *caráter definitivo*;
    - cópias: conservá-las no arquivo corrente pelo prazo de *três anos*, para possíveis confrontos, *eliminando-as* após.
- requisições de serviço e/ou pedidos de conserto.
    - originais: conservá-los por *dois anos* na Superintendência dos Imóveis para estudos sobre custos, podendo ser eliminados em seguida;
    - cópias: conservá-las por *um ano* nos órgãos requisitantes, *eliminando-as* após.

3. *Documentos patrimoniais* (escrituras e similares).
- originais: *microfilmá-los* para atender às consultas e conservá-los, em *caráter permanente*, na caixa-forte da instituição, sob a responsabilidade do tesoureiro e custódia do arquivo permanente.
- cópias autenticadas em cartório (microfilme ou outra forma, segundo os termos da lei): conservá-las no arquivo permanente, também em *caráter definitivo*.

4. *Guarda e segurança* (acesso fora do horário de expediente).
- Memorandos e comunicações internas solicitando autorização para entrada na instituição fora do horário de expediente, conservá-los por *um ano* no arquivo corrente e *eliminá-los* em seguida.

### Folhas de pagamento

Considerando que a aposentadoria ocorre aos 35 anos de serviço, as folhas de pagamento serão microfilmadas e conservadas no arquivo intermediário pelo prazo de, no mínimo, *40 anos*.

*Lista de eliminação.* É uma relação específica de documentos a serem eliminados numa única operação e que necessita ser aprovada pela autoridade competente.

Exemplo:

| Especificação dos documentos | Datas | Quantidade |
|---|---|---|
| Atas de condomínio | 1970-1980 | 8 pastas |
| Controle de entrada/saída de veículos | 1978-1981 | 25 pastas |
| Controle orçamentário | 1980-1981 | 3 pastas |
| Convites diversos | 1978-1980 | 4 pastas |
| Declaração de vida e residência | 1975-1981 | 84 pastas |
| Entrada fora do horário de expediente | 1972-1982 | 28 pastas |
| Expedição de correspondência (relações) | 1948-1980 | 183 pastas |
| Folhas de informação (cópias) | 1973-1979 | 6 pastas |
| Guias de bancos | 1945-1980 | 294 pastas |
| Notas de remessa de material | 1947-1981 | 43 pastas |
| Prestações de contas de malotes | 1955-1977 | 348 pastas |
| Quadros de horários | 1968-1972 | 15 pastas |
| Recortes de jornais (duplicatas) | 1965-1982 | 131 pastas |
| Seguros (apólices vencidas) | 1947-1977 | 2 pastas |
| Telefones (pedidos de conserto) | 1961-1981 | 52 pastas |
| Xerox (requisições de cópias) | 1980-1981 | 5 pastas |

Para o preparo dos instrumentos de destinação a Comissão de Análise de Documentos deve obedecer a determinados critérios de avaliação e seleção que irão orientar o complexo trabalho de retenção e/ou eliminação, a saber:

### Critérios que regulam a retenção de documentos

Quanto a valores de prova:
- devem ser conservados documentos que provem como a instituição foi organizada e como funciona (origem, programas de trabalho, diretrizes, relatórios de atividades, normas, documentos fiscais etc.);
- devem ser conservados documentos que possam responder a questões técnicas relativas às operações da organização (pesquisas, projetos, material didático ou publicações produzidas etc.).

Quanto a valores de informação devem ser conservados documentos referentes a:
- pessoas: físicas e jurídicas;

- lugares, edifícios, objetos etc.;
- fenômenos: o que aconteceu a pessoas, lugares, edifícios e objetos (atividades, ocorrências, episódios).

### Critérios que regulam a eliminação de documentos

Em geral, podem ser eliminados:

- documentos cujos textos estiverem reproduzidos em outros ou que tenham sido impressos em sua totalidade;
- cópias cujos originais sejam conservados;
- documentos cujos elementos essenciais se achem reproduzidos em outros;
- documentos de pura formalidade, como convites, cartas de agradecimento e outros;
- documentos que se tornarem obsoletos e não mais representarem interesse para a administração.

A aplicação desses critérios deverá, acima de tudo, basear-se no bom senso e na prudência.

Uma vez determinada a eliminação de documentos, devem ser preparados os *termos de eliminação* correspondentes, os quais devem conter, de forma sucinta, a identificação dos conjuntos documentais, datas abrangentes, natureza dos documentos e quantidade, bem como, se for o caso, a indicação do instrumento de destinação (tabela de temporalidade ou lista de eliminação) que autoriza a destruição (figura 27).

O ato de eliminar, propriamente dito, deve ser feito de forma racional. Os processos mais indicados são: a fragmentação, a maceração, a alienação por venda ou doação. A incineração — processo condenado —, quer pelo aumento do índice de poluição que provoca, quer pela impossibilidade de reciclagem do papel, não deve ser adotada.

### Considerações gerais

A primeira grande seleção de papéis deve ser feita no arquivo corrente, quando da sua transferência para o arquivo intermediário ou recolhimento para o arquivo permanente. Esta tarefa deve ser realizada com a assistência e orientação do arquivista-chefe e sempre de acordo com os prazos estabelecidos nos instrumentos de destinação.

A eliminação deve merecer atenção especial. Nos EUA, por exemplo, a eliminação de documentos públicos é regida por lei.

Figura 27

## TERMO DE ELIMINAÇÃO DE DOCUMENTOS

Aos 23 dias do mês de junho de 1985 foram eliminados os documentos abaixo relacionados, de conformidade com o que estabelece a Tabela de Temporalidade de Documentos em vigor, aprovada pelo Ato nº 370, de 2-8-1979.

| ASSUNTO | | DATAS ABRANGENTES | NATUREZA DOS DOCUMENTOS | QUANTIDADE |
|---|---|---|---|---|
| CÓDIGO | TÍTULO | | | |
| 021.11 | Concursos públicos: auxiliar de escritório, datilógrafos, calculistas e escriturários (cópias de CIs, minutas, duplicatas de programas, requerimentos de revisão de provas) | 1966-67 | originais e cópias | 7 pt. |
| 022 | Planos de aumento (duplicatas) | 1965-66 | cópias | 8 pt. |
| 022 | Agentes financeiros (duplicatas) | 1976 | cópias | 1 pt. |
| 022 | Documentos diversos – DF (duplicatas) | 1969-71, 73-79 | cópias | 1 pt. |
| 023.2 | Férias (cópias de CIs, escalas de férias) | 1949-77 | originais e cópias | 4 pt. |
| 029.5 | Horário de expediente (cópias de CIs) | 1952-72 | cópias | 2 pt. |
| 029.51 | Controle de freqüência (cópias de CIs) | 1951-71 | cópias | 10 pt. |
| 046.2 | Banco do Brasil — Banco Boavista (correspondência sobre abertura de contas, solicitação de bloqueios) | 1970-72 | cópias | 2 pt. |
| 047 | Balancetes do SPe | 1977-80 | cópias | 1 pt. |
| | | | Total de pastas | 36 pt. |

## 1.5.2 Transferência, recolhimento

Para melhor compreensão do assunto, cumpre relembrar aqui os conceitos de transferência e recolhimento, bem como os tipos de arquivos existentes. Denomina-se *transferência* a passagem dos documentos dos arquivos correntes para os intermediários. Quando a transferência é feita para os arquivos permanentes recebe a denominação *recolhimento*.

Quanto aos tipos de arquivos existentes, já se viu no capítulo 2 que, segundo o estágio de evolução por que passam os documentos e devido à freqüência de uso e à quantidade de referências feitas a eles, os arquivos são classificados em corrente, intermediário e permanente.

ARQUIVO CORRENTE – Onde são guardados os documentos de uso freqüente e aqueles em que o ato administrativo ainda não terminou.
ARQUIVO INTERMEDIÁRIO – Onde são guardados os documentos de menor freqüência de uso e que aguardam destinação final.
ARQUIVO PERMANENTE – Onde são guardados os documentos cuja freqüência de uso é esporádica e que são conservados em razão de seu valor histórico, probatório ou informativo.

É importante não se chegar à errônea conclusão de que os documentos colocados no arquivo intermediário ou no arquivo permanente já não têm valor. Se assim fosse, eles não seriam guardados e sim eliminados, doados, vendidos, destruídos etc.

A transferência e o recolhimento são feitos, pois, em razão da freqüência de uso e não do valor do documento. Assim, corrente, intermediário e permanente são gradações de freqüência de uso e não de valor de documento, embora seja recomendável a prática da avaliação e seleção nessa oportunidade.

A transferência dos documentos do arquivo corrente para o intermediário e o recolhimento para o permanente objetivam racionalizar os trabalhos – facilita o arquivamento e a localização de documentos, pois libera espaço e economiza recursos materiais.

A transferência e o recolhimento de documentos requerem planejamento cuidadoso, com vistas à escolha de método econômico e eficiente.

### Tipos de transferência

Há dois tipos básicos de transferência: permanente e periódica.
*Permanente* é a que se processa em intervalos irregulares e exige, quase

sempre, que se indique em cada documento a data em que deverá ser transferido. Só é aplicada em casos especiais.

*Periódica* é a remoção de documentos, em intervalos determinados. Ela pode ser efetuada em uma etapa, em duas etapas, e ainda dentro de um período determinado, sendo esta última conhecida como periódica de mínimo e máximo.

Na transferência periódica em uma etapa, os documentos julgados de valor são recolhidos diretamente do arquivo corrente para o arquivo permanente. Neste caso, não há arquivo intermediário e a transferência recebe o nome específico de *recolhimento*.

Na transferência periódica em duas etapas — também conhecida por dupla capacidade, transferência múltipla ou método do ciclo — os documentos são transferidos para o arquivo intermediário, onde permanecem durante determinado período e, posteriormente, se julgados de valor, são recolhidos em caráter definitivo para o arquivo permanente.

Há instituições, entretanto, que, pelas suas proporções, não comportam um arquivo intermediário. Nesses casos, a fim de não congestionar os arquivos correntes com documentos pouco consultados, mas que ainda não podem ser recolhidos para o arquivo permanente, pode-se separar essa documentação em baterias, móveis ou gavetas diferentes, conforme ilustram as figuras 28, 29 e 30.

Figura 28
*Baterias diferentes*

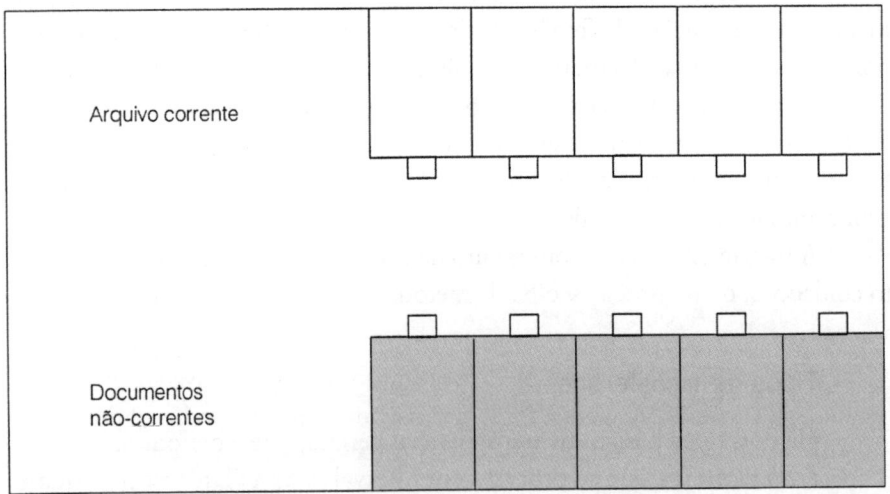

Figura 29
*Móveis diferentes*

| A | A | H – K | H – K | Q – R | Q – R |
|---|---|---|---|---|---|
| B – C | B – C | L – M | L – M | S | S |
| D | D | N | N | T – U | T – U |
| E – G | E – G | O – P | O – P | V – Z | V – Z |

Figura 30
*Gavetas diferentes*

| A – B | F – H | N – P | S |
|---|---|---|---|
| C – E | I – M | Q – R | T – Z |
| A – B | F – H | N – P | S |
| C – E | I – M | Q – R | T – Z |

Na transferência periódica de mínimo e máximo os documentos compreendidos dentro de uma data mínima e máxima são retirados das pastas e transferidos, desde que tenham sido emitidos ou recebidos dentro do período fixado.

## Considerações gerais

Para que a transferência ou o recolhimento sejam efetivados ordenadamente, recomenda-se a elaboração de um calendário, no qual, de comum acordo entre as partes interessadas, são fixados os períodos em que cada órgão deverá realizar aquelas operações (figura 31).

Figura 31
*Calendário de recolhimento — 1985*

| Órgãos | Março | Abril | Maio | Junho | Julho | Agosto | Setembro | Outubro | Observações |
|---|---|---|---|---|---|---|---|---|---|
| SPe | 15 a 25 | | | | | | | | |
| Editora | | 15 a 25 | | | | | | | |
| INDOC | | | | | 15 a 25 | | | | |
| EBAP | | | | | | | | 15 a 25 | |
| IESAE | | | | | | 15 a 25 | | | |
| CONCEP | | | | | | | 1 a 10 | | |
| ISEC | | | 15 a 25 | | | | | | |

A opção do método de transferência não altera o método de arquivamento, que deve ser o mesmo tanto no arquivo corrente, quanto no intermediário e no permanente.

Ao se efetuar a transferência, recomenda-se colocar no lugar das pastas transferidas uma ficha com a sua indicação. Os arquivos permanentes devem manter um livro de registro, no qual se anotarão a data da transferência e os títulos das pastas recebidas. Uma lista descritiva em duas vias deve acompanhar os documentos. A segunda via, após a conferência, será devolvida ao órgão recolhedor com o recibo do arquivo; e a primeira servirá para controle e localização da documentação, até que sejam elaborados os instrumentos de pesquisa.

As listas devem relacionar o título das pastas, datas-limite e quantidade. Podem indicar também os prazos fixados para sua conservação e/ou eliminação (figura 32).

Ao se efetuar a transferência ou recolhimento, é recomendável proceder-se a uma revisão nas pastas para certificar-se da não-existência de falhas de ordenação ou classificação. Normalmente é nessa ocasião que se promove a desinfestação e a restauração dos documentos.

## 2. Arquivos intermediários

### 2.1 Histórico

Até a primeira metade do século XX a tradição arquivística clássica considerava apenas duas idades dos arquivos: a administrativa e a histórica. Assim, os documentos passavam diretamente de um a outro estágio, não sendo prevista nenhuma fase de transição.

Quando as instituições contavam com espaço, conservavam os seus documentos por longo tempo, muitas vezes sem condições adequadas para sua preservação; outras, por falta de espaço, recolhiam precocemente documentos ainda de uso corrente, congestionando o arquivo permanente com documentação ainda necessária à administração.

Com o crescimento da massa documental, produzida em quantidades cada vez maiores, a situação agravou-se.

Foi então que, na busca de uma solução, surgiu a teoria da "idade intermediária" e com ela a noção de depósitos intermediários, cujo acervo é constituído de papéis que não estão mais em uso corrente.

Figura 32

RELAÇÃO DE DOCUMENTOS RECOLHIDOS AO ARQUIVO CENTRAL

DATA DO RECOLHIMENTO: 21 de março de 1985

Órgão Remetente: Editora
Relação nº 13
Total de pt. 2v. e 25 pts.

| CÓDIGO | ASSUNTO | | DATAS ABRANGENTES | UNIDADE ARQUIVÍSTICA | | PARA USO DO ARQUIVO CENTRAL | |
|---|---|---|---|---|---|---|---|
| | TÍTULO | | | NATUREZA DOS DOC. | QUANTID. | CAIXA | OBSERVAÇÕES |
| 003 | Relatório anual | | 1980-82 | impressos | 2v. | 136 | |
| 032.21 | Aquisição de papel para impressão | | 1980-81 | originais, cópias | 1 pt. | 137 | |
| 041 | Proposta orçamentária | | 1982 | original | 1 pt. | 137 | A cópia está arquivada no fundo da Dir. Financeira |
| 321 | Distribuição, Representação | | | | | | |
| | Cebrace | | 1977-80 | originais, cópias | 5 pt. | 137-38 | |
| | Maestri della tavolozza | | 1976-80 | originais, cópias | 6 pt. | 139 | |
| | Unesco | | 1978-80 | originais, cópias | 2 pt. | 140 | |
| 341 | Postos de vendas | | | | | | |
| | Livraria Chignone — PR | | 1969-79 | originais, cópias | 1 pt. | 140 | |
| | Livraria Interciência — RJ | | 1976-79 | originais, cópias | 1 pt. | 140 | |
| | Livraria Sulina — RS | | 1968-79 | originais, cópias | 2 pt. | 140 | |
| 351.2 | Preparo e impressão de periódicos | | 1977-80 | originais, cópias | 3 pt. | 141 | |
| 360 | Inventários | | | | | | |
| | Depósito | | 1978 | originais | 1 pt. | 142 | |
| | Livraria do Rio de Janeiro | | 1978 | originais | 1 pt. | 143 | |
| | Livraria de São Paulo | | 1978 | originais | 1 pt. | 143 | |

Assinatura: _____

Atualmente os arquivos intermediários tornaram-se uma necessidade reconhecida por administradores e arquivistas.

Sua *função principal* consiste em proceder a um arquivamento transitório, isto é, em assegurar a preservação de documentos que não são mais movimentados, utilizados pela administração e que devem ser guardados temporariamente, aguardando pelo cumprimento dos prazos estabelecidos pelas comissões de análise ou, em alguns casos, por um processo de triagem que decidirá pela eliminação ou arquivamento definitivo, para fins de prova ou de pesquisa.

Em diversos países os arquivos intermediários aparecem com nomes distintos. Nos EUA e no Canadá são chamados de *Records Centers*; na França, de *Préarchivage*; na Alemanha, de *Zwischenarchive*; na Grã-Bretanha, de *Limbo*.

Os norte-americanos dão grande importância aos *records centers*, uma vez que proporcionam ao governo considerável economia. Existem dezenas desses depósitos distribuídos por todo o país.

As despesas com as construções de depósitos intermediários são bem menores, se comparadas às dos depósitos tradicionais. Pesquisas efetuadas nos EUA, junto aos órgãos da administração pública federal, comprovaram que neles eram guardados cerca de 7 mil quilômetros de documentos. Tais números evidenciaram que a quantidade de depósitos disponíveis não era suficiente. Sentiram, então, que os papéis de uso não-corrente, conservados nos órgãos da administração, tornavam-se antieconômicos, e por esta razão o sistema passou a ser ardorosamente defendido pelos arquivistas norte-americanos.[1]

Na França, a noção de *pré-arquivo* nasceu após ter sido adotada no Canadá, nos EUA e na Inglaterra. Duas experiências paralelas foram lançadas no início dos anos 70, uma referente aos Arquivos Nacionais (arquivos dos ministérios e administrações centrais do Estado) e outra aos Arquivos Departamentais.

A primeira delas é a da Cidade Interministerial de Arquivos, em Fontainebleau, que receberá toda a documentação da *idade intermediária* produzida pelos ministérios e administrações centrais do governo — à exceção dos ministérios de Assuntos Exteriores e Defesa Nacional — e que naquele local aguardará a decisão sobre sua eliminação ou recolhimento aos Arquivos Nacionais.

---

[1] A lei federal que regulamenta o arquivamento intermediário nos EUA está publicada na *Rev. Archivum*, *12*, 1971.

No Canadá, a experiência reveste-se de grande importância pela sua antigüidade, desenvolvimento e sistematização. Este país possui depósitos em Ottawa, Toronto, Montreal, Vancouver, Edmonton, Winnipeg, Halifax e Quebec.

A gestão dos papéis do governo federal canadense depende da direção que administra os documentos ainda não arquivados definitivamente. Essa direção age em perfeita harmonia com os Arquivos Históricos e constitui uma unidade administrativa autônoma, sob a autoridade do arquivista federal — presidente do Conselho Consultivo dos Arquivos Públicos — que tem a missão de assistir aos ministérios e aos órgãos do governo federal na definição da política de gestão de documentos. Esse comando propõe sugestões, inspeciona e providencia a formação de recursos humanos especializados na guarda de papéis conservados nas administrações.

A principal vantagem desse sistema é a economia considerável de espaço e de recursos material e humano.

Em 1965, na então República Federal da Alemanha foi criado um depósito nas proximidades de Bonn, destinado a receber os documentos que emanam dos departamentos ministeriais federais por um prazo determinado, à exceção dos ministérios dos Negócios Exteriores e da Defesa, que têm os seus serviços separados. Em 1971, foi construído um prédio para depósito intermediário em Sankt-Augustin gerido exclusivamente por arquivistas. Os documentos ali recebidos são parte integrante dos arquivos federais.

O arquivo intermediário assim concebido tem a dupla vantagem de centralizar e de administrar os documentos que perderam sua utilidade corrente para as administrações. Ele evita a eliminação descontrolada e permite uma verdadeira política de conservação dos arquivos.

Na Inglaterra adotou-se o Arquivo Intermediário — Limbo — após a II Guerra Mundial. Foi criado em 1950, em Hayes, subordinado ao Public Record Office.

Diversos outros países já possuem arquivos intermediários.

No Brasil, pelo disposto no Decreto nº 76.387, de 2 de dezembro de 1975, o Arquivo Nacional passou a contar com uma Divisão de Pré-Arquivo, instalada em Brasília. Este primeiro centro regional de arquivos intermediários iniciou suas atividades recebendo a documentação dos ministérios e demais órgãos do governo federal, já produzida em Brasília, a partir de 1960, quando foi transferida a capital.

## 2.2 Tratamento, armazenamento e localização da documentação

Imediatamente após a conferência da documentação transferida, deve ser providenciada a sua limpeza e, se necessário, a sua desinfestação.

Os documentos recolhidos aos arquivos intermediários conservam a classificação que lhes foi dada nos arquivos correntes. Os símbolos ou notações que lhe forem atribuídos pelo arquivo intermediário serão usados apenas para localização no momento de atender a consultas. Esses símbolos serão transcritos nas duas vias das listas, ou relações de transferência, antes da restituição ao órgão recolhedor da via que lhe é destinada.

A ordem em que pastas, caixas ou volumes transferidos são armazenados pode ser apenas a ordem de recebimento, ou outra qualquer adotada de acordo com as conveniências e possibilidades.

Como a propriedade da documentação continua a ser da administração que a produziu, só a esta será permitido o acesso aos documentos, podendo, porém, dar autorização para que outros os consultem.

## 2.3 Recomendações especiais

O arquivo intermediário deverá ser subordinado técnica e administrativamente ao arquivo permanente, a fim de evitar a proliferação de depósitos e manter uniforme a política arquivística. Para isso deve ser dirigido por profissionais de arquivo de alto nível, conhecedores dos métodos tradicionais de classificação e elaboração de instrumentos de pesquisa.

## 2.4 Construção e equipamento

A economia é a razão principal da criação de arquivos intermediários. Por este motivo, os custos de sua construção e dos equipamentos não devem superar em gastos os dos arquivos tradicionais. Tem-se que considerar o valor do terreno (situado em local afastado do centro urbano), da construção e dos equipamentos, que devem ser simples e de baixo custo.

As dimensões devem ser fixadas em função da massa de papéis a receber e da previsão de crescimento. A construção deve ser dotada de meios modernos para proteção contra incêndio, explosão, inundações, poluição atmosférica, excesso de umidade e de luz solar. Deve também possibilitar comunicações fáceis e relativamente rápidas com as administrações que os utilizam, assim como fácil acesso aos seus funcionários.

# Capítulo 5
# Arquivos Permanentes

Como já se viu, arquivo é o conjunto de documentos oficialmente produzidos ou recebidos por um governo, organização ou firma, no decorrer de suas atividades, e arquivados ou conservados para efeitos futuros.

O destino dos arquivos é passar por uma lenta evolução que os afasta cada vez mais de seu objetivo primitivo. Com o passar do tempo, embora diminua o seu valor administrativo, aumenta a sua importância como documentação histórica. Não se pode dividir o arquivo em dois compartimentos: velho (ou histórico) e administrativo. Na realidade, são pura e simplesmente arquivos em incessante processo de transformação.

Os documentos históricos de hoje foram os administrativos de ontem e os documentos administrativos de hoje serão os documentos históricos de amanhã.

Mesmo os documentos históricos de hoje podem tornar-se novamente administrativos amanhã, por diversas circunstâncias, devido a sua utilização.

Apesar de os arquivos serem conservados primariamente para fins administrativos, constituem base fundamental para a história, não apenas do órgão a que pertencem, mas também do povo e suas relações sociais e econômicas.

A função de um arquivo permanente é reunir, conservar, arranjar, descrever e facilitar a consulta dos documentos oficiais, de uso não-corrente, ou seja, concentrar sob sua custódia, conservar e tornar acessíveis documentos não-correntes, que possam tornar-se úteis para fins administrativos, pesquisas históricas e outros fins.

Essa idéia de concentração deve ser considerada de maneira ampla. Não é simplesmente o recolhimento do material de que o órgão de origem deseja ver-se livre; esse recolhimento reclama inspeção, seleção para transferência, inclusive assistência e orientação ao órgão de origem na organização de seus arquivos correntes, visando à futura separação do material de valor permanente daquele que nenhum valor possui.

A expressão *de uso não-corrente* aplica-se aos documentos não mais necessários em relação às atividades rotineiras do órgão criador.

Em países como os EUA e a França, o índice de preservação de documentos produzidos pelo governo, em caráter permanente, é de 5 e 20%, respectivamente.

O principal objetivo da reunião dos arquivos em órgão central é torná-los acessíveis e colocar à disposição dos usuários a experiência do passado, tanto quanto ela se reflita em um documento. Cada conjunto de documentos é reservatório da experiência humana, que só poderá ser adequadamente utilizada se estiver racionalmente arranjada e conservada.

O arquivo permanente, sendo o resultado da reunião dos arquivos correntes, recebe a documentação originária de diferentes setores e cresce em grande proporção. Sua administração é, portanto, bem mais complexa que a dos arquivos corrente e intermediário.

Classificam-se em quatro grupos distintos as atividades do arquivo permanente:

1. *Arranjo* — reunião e ordenação adequada dos documentos.
2. *Descrição e publicação* — acesso aos documentos para consulta e divulgação do acervo.
3. *Conservação* — medidas de proteção aos documentos e, conseqüentemente, do local de sua guarda, visando a impedir sua destruição.
4. *Referência* — política de acesso e uso dos documentos.

## 1. Atividades de arranjo

Em arquivologia entende-se por *arranjo* a ordenação dos documentos em fundos, a ordenação das séries dentro dos fundos e, se necessário, dos itens documentais dentro das séries.

O arranjo é uma das funções mais importantes em um arquivo e, por isso, deve ser feito por pessoa qualificada e especializada.

As atividades desenvolvidas no arranjo são de dois tipos: intelectuais e físicas.

As intelectuais consistem na análise dos documentos quanto a sua forma, origem funcional e conteúdo.

As atividades físicas se referem à colocação dos papéis nas galerias, estantes ou caixas, seu empacotamento, fixação de etiquetas etc.

Há considerável diferença entre o arranjo do arquivo corrente e o do arquivo permanente. Tais diferenças decorrem das atribuições específicas de cada um e, por isso, suscitam situações próprias e soluções adequadas.

Quanto aos arquivos intermediários, não existem métodos ou princípios específicos de arranjo no sentido técnico da palavra aqui empregado. Nesses arquivos, de guarda transitória, aplicam-se apenas critérios racionais de disposição dos documentos em estantes ou armários.

A própria origem do material condiciona o tratamento a lhe ser dispensado. No arquivo corrente a documentação é recente e provém de setores próximos, que a utilizam com freqüência. No arquivo permanente os documentos, procedentes dos arquivos correntes, já vêm ordenados, segundo um método (alfabético, geográfico, numérico, cronológico ou por assunto).

No arquivo permanente, o arquivista não se interessa apenas pelo arranjo dos papéis de determinado setor, mas se ocupa da ordenação de todos os documentos sob sua guarda e que provêm de múltiplos órgãos, onde foram manipulados por inúmeros funcionários.

Ao tratar a documentação de uso não-corrente, o arquivista obedecerá à *proveniência* dos arquivos, princípio básico da arquivologia, segundo o qual devem ser mantidos reunidos, num mesmo *fundo*, todos os documentos provenientes de uma mesma fonte geradora de arquivo. O princípio da proveniência corresponde à expressão inglesa *provenance* e à francesa *respect des fonds*, também muito usada no Brasil em virtude da forte influência francesa na formação profissional dos arquivistas brasileiros.

Quando o fundo é constituído de documentos de gêneros diversos como filmes, fotografias, fitas magnéticas, videoteipes, desenhos, material bibliográfico e outros, estes podem ser *fisicamente* armazenados em local diverso, desde que sejam feitas as referências correspondentes no fundo ao qual pertencem.

Uma das dificuldades encontradas na aplicação do *princípio da proveniência* refere-se à determinação das unidades administrativas que irão se constituir em fundos de arquivo.

A escolha desses fundos deverá ser estabelecida de acordo com as circunstâncias e conveniências, obedecendo a dois critérios.

1. *Estrutural*, constituído dos documentos provenientes de uma mesma fonte geradora de arquivos.

   Exemplo: Ministério da Agricultura, Companhia Brasileira de Alimentos, Empresa Brasileira de Pesquisa Agropecuária, Empresa Brasileira de Assistência Técnica e Extensão Rural, Companhia de Financiamento da Produção, Companhia Brasileira de Armazenamento; cada uma dessas instituições se constituirá num fundo.

2. *Funcional*, constituído dos documentos provenientes de mais de uma fonte geradora de arquivo, reunidos pela semelhança de suas atividades, mantido, porém, o princípio de proveniência.

   Exemplo: *Agricultura*, incluindo a documentação do Ministério da Agricultura, Companhia Brasileira de Alimentos, Empresa Brasileira de Pesquisa Agropecuária, Empresa Brasileira de Assistência Técnica e Extensão Rural, Companhia de Financiamento da Produção, Companhia Brasileira de Armazenamento; neste caso, o fundo será *Agricultura*, atividade comum a todas as instituições mencionadas.

Os fundos podem ser subdivididos em séries e subséries, que refletem a natureza de sua composição, seja ela estrutural, funcional, ou até mesmo por espécie documental.

Ainda, utilizando-se os mesmos exemplos, as séries de cada fundo, no critério estrutural, corresponderão aos setores que integram a estrutura das instituições. Exemplo: cada Secretaria do Ministério da Agricultura, cada órgão da Companhia Brasileira de Alimentos etc. No critério funcional, as séries seriam as próprias instituições, uma vez que o fundo é *Agricultura*, função principal dessas instituições.

A escolha das séries e subséries obedecerá, portanto, à mesma orientação adotada para os fundos, uma vez que estes se constituem em parte dos fundos.

A Associação dos Arquivistas Holandeses (1973), em seu livro *Manual de arranjo e descrição de arquivos*, cita várias regras para o arranjo dos documentos, das quais destacam-se as seguintes:

- Todo conjunto deve ser metodicamente arranjado, em ordem de: procedência, data, número, assunto e nome.
- O método de arranjo deve ser sempre baseado na organização primitiva, que corresponde à organização da entidade que produziu o arquivo.
- No arranjo de um conjunto deve, portanto, ser estabelecida, tanto quanto

possível, a ordem originária. Só depois de um levantamento poder-se-á julgar se é possível fazer-se qualquer alteração.
- O arranjo original pode ser modificado de forma a corrigir desvios de estrutura geral do conjunto, se esses desvios foram atribuídos a enganos dos administradores ou se são o resultado de uma modificação temporária de conservação dos documentos.
- No arranjo do conjunto, os interesses das pesquisas históricas são considerados secundários.
- Deve-se ter em mente que os documentos que contêm as normas da organização a que pertenceram constituem o arcabouço do conjunto.[2]
- Nenhum conjunto, encadernado ou não, deve ser desmembrado sem que se tenha investigado o motivo de sua constituição.
- O desmembramento de conjuntos ou amarrados de documentos isolados é permissível; porém, caso sejam muito consultados, é preferível conservá-los reunidos.
- Os documentos esparsos que apresentem indicações, externas ou internas, de terem previamente formado parte de uma série ou dossiê devem, se possível, ser novamente incluídos nos referidos conjuntos.
- Documentos que não estavam, originariamente, juntos, só devem ser combinados se forem absolutamente da mesma natureza.
- Instrumentos formais, originais, não importa quanto estragados estejam, ou quão pequenos sejam os seus fragmentos, nunca devem ser destruídos, mesmo que existam duplicatas, confirmações ou cópias autênticas.
- Se o documento original está em boas condições, cópias esparsas (que não pertençam a dossiê ou série alguma e sem valor paleográfico) podem ser destruídos.
- A fim de se completar um conjunto, deve-se preparar uma lista dos documentos que lhe faltam, para facilitar a sua procura. Se eles não mais existirem, procurar transcrições dos originais ou cópias depositadas em outros conjuntos.
- Documentos que depois de terem desaparecido de um conjunto a ele voltarem, por dádiva ou compra, podem reassumir o seu lugar, se ficar bem clara a sua origem.

---

[2] Ao organizar o arquivo, deve-se procurar ordenar a sua "pasta de identificação". Se não houver os originais dos atos referentes à sua criação, o arquivista deve lançar mão de cópias dos documentos iniciais, que certamente foram publicados em órgãos oficiais, procurando, assim, restabelecer ao máximo essa pasta, pois, no futuro, será o início da história da instituição.

## 1.1 Símbolos de notação

Os símbolos são de grande utilidade, uma vez que servem de elemento de identificação e localização dos fundos, séries ou subséries de documentos dentro do acervo.

Podem ser puros, isto é, constituídos apenas de números ou letras, ou mistos, com combinação de letras e números. Como toda codificação ou simbologia, sua escolha é meramente convencional.

Para melhor compreensão do assunto, suponham-se alguns exemplos:

AG/AP
1 (1-4)
AG —Administração Geral (Fundo)
A —Diretoria Administrativa (Série)
P —Serviço de Pessoal (Subsérie)
1 —Número da caixa onde serão conservados os documentos
(1-4) —Número dos dossiês dentro das caixas

AG/FO—1
20 (5-8)
AG —Administração Geral (Fundo)
F —Diretoria Financeira (Série)
O —Serviço de Orçamento (Subsérie)
—1 —Corresponde a uma subsérie especial de propostas orçamentárias
20 —Número da caixa
(5-8) —Número dos dossiês ou pastas dentro das caixas

Os símbolos de notação nas lombadas das caixas são apenas os correspondentes ao *fundo, série, subsérie* e ao número da *caixa;* não se indicam os números dos dossiês e pastas. Entretanto, no inventário citam-se todos os elementos que constituem a notação.

## 2. Atividades de descrição e publicação

O trabalho de um arquivo só se completa com a elaboração de instrumentos de pesquisa, que consistem na descrição e na localização dos documentos no acervo, "e se destinam a orientar os usuários nas diversas modalidades de abordagem a um acervo documental" (Miguéis, 1976:7).

A descrição dos conjuntos documentais deve ser feita em relação à sua:

- *substância*, indicando-se unidade de organização, funções, atividades, operações, assuntos;
- *estrutura*, indicando-se esquema de classificação adotado, unidades de arquivamento, datas abrangentes, classes ou tipos físicos dos documentos, quantidade.

Além de tornar o acervo acessível, os instrumentos de pesquisa objetivam divulgar o conteúdo e as características dos documentos. Vários são os instrumentos de que pode dispor um arquivo.

Com a finalidade de colaborar com a AAB no sentido de normalizar, no Brasil, a elaboração desses instrumentos, será transcrito a seguir, com algumas adaptações, o trabalho de Maria Amélia Porto Miguéis, *Roteiro para elaboração de instrumentos de pesquisa em arquivos de custódia* (1976).

## 2.1 Tipos básicos de instrumentos de pesquisa

Em 1973, a AAB formou um grupo de trabalho, sob a direção de seu presidente, com a finalidade de definir os instrumentos de pesquisa básicos. Após a comparação de suas estruturas, bem como dos termos usados para designá-los, tanto no Brasil, quanto no exterior, o grupo constatou — não raras vezes — a imprecisão (quando não a confusão) existente. Não só o mesmo termo ou expressão é usado com diferentes acepções em diversos países, como o é num mesmo país. À falta de uma normalização da terminologia, cada autor dá ao seu trabalho a designação que melhor lhe apraz.

Considerando que a maioria dos arquivos brasileiros não dispõe de instrumentos de pesquisa e nem mesmo de um mínimo de orientação, o grupo selecionou e definiu os quatro seguintes tipos:

1. Guia
2. Inventário
3. Catálogo
4. Repertório

## 2.2.1 Guia

Obra destinada à orientação dos usuários no conhecimento e na utilização dos fundos que integram o acervo de um arquivo permanente. É o instrumento de pesquisa mais genérico, pois se propõe a informar sobre a totalidade dos fundos existentes no arquivo. Sua finalidade é informar sobre o histórico, a natureza, a estrutura, o período de tempo, a quantidade de cada fundo integrante do acervo total do arquivo. O guia deve incluir ainda as seguintes informações:

- endereço e telefone do arquivo;
- horário de funcionamento;
- indicação de estação de metrô e linhas de ônibus que servem à localidade;
- regulamento da sala de consulta;
- recursos técnicos oferecidos (cópias xerox, microfilme etc.);
- requisitos exigidos do pesquisador.

Para ilustrar a apresentação desse instrumento tome-se o exemplo a seguir, que corresponde ao trecho do guia de uma instituição imaginária, no caso a Fundação X, incluindo apenas a descrição de dois de seus fundos.

## ADMINISTRAÇÃO SUPERIOR — AS

*Histórico*

A importância desse fundo, apesar de pouco volumoso, decorre do fato de reunir documentos referentes à criação e à constituição da própria Fundação X; contém atas da Assembléia Geral e dos Conselhos Diretor, Curador e Técnico, relatórios anuais de suas atividades e prestações de contas, estudos sobre reforma da organização interna, regulamentos, acordos, contratos e convênios com diversas instituições nacionais e estrangeiras. O fundo inclui ainda documentação referente a depoimentos e entrevistas do presidente, solenidades comemorativas das datas da instituição, discursos diversos, visitas de missões técnico-científicas estrangeiras, visitantes ilustres — nacionais e estrangeiros —, congressos e simpósios, inauguração do edifício-sede, filiação a entidades nacionais e estrangeiras, concessão de bolsas de estudo.

O exame dessa documentação, especialmente das atas dos órgãos de direção superior, dos relatórios anuais e prestações de contas, fornecerá ao pesquisador uma visão global do desenvolvimento das atividades da Fundação X através dos tempos, sua importância no cenário sócio-político-cultural do país, bem como da filosofia que tem norteado seus destinos.

*Natureza*

O acervo é constituído, principalmente, de atas, cartas, certidões, currículos, ofícios, recortes de jornais, telegramas, diplomas, filmes, fotografias e medalhas.

*Estrutura*

O fundo é composto das seguintes séries:

- Assembléia-Geral
- Conselho Diretor
- Conselho Curador
- Conselho Técnico, extinto em 1948
- Presidência

Os documentos que integram as séries estão organizados por assuntos, obedecendo ao código de classificação adotado nos arquivos correntes, de acordo com o estabelecido no *Manual de arquivo* da instituição.
*Período:* 1944-1982.
*Quantidade:* 202 caixas e 135 volumes, que ocupam 32,8m lineares.

*Fontes complementares*

Fundação X. *Fundação X, 30 anos a serviço do Brasil.* Rio de Janeiro, 1974. XIV, 410p. ilustr. 23cm.

*Instrumentos de pesquisa*

Inventário sumário de todas as séries, Inventário analítico das subséries especiais da Presidência.

## ESCOLA NACIONAL DE ADMINISTRAÇÃO (ENA)

*Histórico*

A ENA foi criada em 15 de abril de 1952, subordinada ao Instituto de Administração da Fundação X.

Em 1972 o Instituto foi extinto. A partir dessa data a escola passou a ser subordinada à Direção Executiva, que, em 1974, teve sua denominação alterada para Superintendência Geral.

A escola tem por finalidade promover cursos de formação e pós-graduação, proceder a pesquisas e estudos, divulgar trabalhos técnicos e prestar assistência técnica na área da administração pública e empresarial.

De 1952 a 1957, para atender às necessidades emergentes na América Latina, realizou cursos especiais, com duração de seis meses, para alunos brasileiros e latino-americanos.

No setor de assistência técnica firmou importantes convênios com inúmeras instituições, entre as quais destacam-se o Departamento Nacional de Estradas de Rodagem, a Superintendência Nacional de Marinha Mercante e o Banco Nacional de Desenvolvimento Econômico e Social.

Edita a *Revista de Administração*, de periodicidade trimestral, e obras didáticas.

*Natureza*

O acervo é constituído de farta documentação sobre cursos, dossiês de alunos, termos de convênios, correspondência com instituições latino-americanas e projetos de assistência técnica.

*Estrutura*

Compõem o fundo da ENA as seguintes séries:

- Gabinete do Diretor
- Secretaria Escolar
- Centro de Pesquisas Administrativas
- Centro de Assistência Técnica
- Divisão de Publicações

Os dossiês de alunos que integram a série da Secretaria Escolar estão organizados em ordem alfabética, pelo prenome, dentro de cada curso, os quais se encontram dispostos cronologicamente. Os documentos das demais séries estão ordenados segundo o código de classificação de assuntos.

*Período:* 1952-1980.

*Quantidade:* 525 caixas, que ocupam 60m lineares.

*Fontes complementares*

Relatórios anuais de atividades da Escola.

*Instrumentos de pesquisa*

Inventário Sumário de todas as séries, repertório relativo à série do Centro de Assistência Técnica.

Entre os bons guias, em língua portuguesa, merecem destaque os de Achiamé (1981), Damasceno & Cunha (1974), o do CPDOC (1979) e o de Pagnocca & Camargo (1982), os quais se recomendam à consulta.

## 2.2.2 Inventário

### Inventário sumário

Instrumento no qual as unidades de arquivamento de um fundo ou de uma de suas divisões são identificadas e descritas sucintamente.

Trata-se de instrumento do tipo arrolamento, cuja organização deve refletir o arranjo adotado para a disposição do fundo, ou parte dele, como uma série, por exemplo.

Sua finalidade é descrever a composição do fundo — ou parte dele, pela enumeração de suas unidades de arquivamento, sumariamente descritas — e ao mesmo tempo prover o arquivo de um instrumento preliminar de busca para cada fundo.

O inventário deve ser precedido de uma introdução contendo informações sobre os seguintes elementos:

❏ modalidade de incorporação do fundo no acervo do arquivo;
❏ breve notícia histórica sobre a instituição, a pessoa ou a família da qual o fundo é proveniente;
❏ explicação sobre o modo de consulta do inventário.

O inventário sumário é fundamental e deve ser o primeiro instrumento de pesquisa a ser elaborado tanto para os fundos de arquivos públicos — constituídos de documentos de caráter oficial — quanto para os de arquivos privados.

A seguir, tome-se como exemplo trechos de inventários das séries que integram o fundo da Administração Superior da Fundação X, que, na fase corrente, classifica seus documentos por assunto, adotando o método numérico decimal. O código numérico que antecede os títulos representa, assim, o número da classificação adotada pelo arquivo corrente.

A notação destinada à localização dos itens do inventário é representada por letras que indicam o fundo (AS), as séries (ASS.G), as subséries, seguidas do número da caixa onde se encontram armazenados.

SÉRIE: PRESIDÊNCIA — AS/PF

| Itens | | Título | Datas abrangentes | Quant. | Localização |
|---|---|---|---|---|---|
| 1 | 001 | Comissão de redação dos estatutos | 1944-45 | 1 pt. | AS/PF 1 |
| 2 | 002 | Alvarás de localização | 1944-54 | 1 pt. | |
| 3 | 002 | Registro do Cadastro Geral dos Contribuintes | 1957 | 1 pt. | |
| 4 | 002 | Registro de Títulos e Marcas | 1947-50 | 1 pt. | |
| 5 | 002 | Registro de Títulos e Marcas | 1951-59 | 1 pt. | |
| 6 | 003 | Relatórios anuais | 1944-58 | 14 v. | 2-17 |

continuação

| Itens | | Título | Datas abrangentes | Quant. | Localização |
|---|---|---|---|---|---|
| 7 | 003 | Relatórios anuais | 1959-80 | 21 v. | 18-28 |
| 8 | 010 | Criação da Fundação X | 1944-45 | 2 pt. | 29 |
| 9 | 010 | Escritura de constituição | 1944 | 1 pt. | |
| 10 | 011.401 | Correspondência do presidente | 1945, 49-50 | 2 pt. | AS/PF 29 |
| 11 | 014.2 | Filiação a instituições internacionais | 1947-52 | 5 pt. | 30 |
| 12 | 044.2 | Doadores-fundadores | 1944 | 15 pt. | 31-34 |
| 13 | 351.01 | Preparo e impressão do livro comemorativo dos 30 anos da Fundação X | 1973 | 2 pt. | 35 |
| 14 | 407.2 | Bolsistas estrangeiros | 1946-49 | 4 pt. | 36 |
| 15 | 520 | Assistência técnica — Casa da Moeda | 1947 | 1 pt. | 37 |
| 16 | 520 | Assistência técnica — Fundação Calouste Goulbenkian | 1963-70 | 3 pt. | 38 |
| 17 | 520 | Assistência técnica — Instituto Brasileiro de Bibliografia e Documentação | 1953-67 | 4 pt. | |
| 18 | 520 | Assistência técnica — Universidade de Brasília | 1962-63 | 1 pt. | |
| 19 | 920 | Comemorações. 30º aniversário da Fundação X | 1973-74 | 3 pt. | 39-41 |

INVENTÁRIO SUMÁRIO DO FUNDO DA ADMINISTRAÇÃO SUPERIOR DA FUNDAÇÃO X
SÉRIE: ASSEMBLÉIA GERAL — AS/ASS.G

| Itens* | | Título | Datas abrangentes | Quant. | Localização |
|---|---|---|---|---|---|
| 1 | 011.1 | Membros da 1ª Assembléia Geral | 1944 | 1 pt. | AS/ASS.G 1 |
| 12 | 011.1 | Correspondência | 1944-60 | 2 pt. | |
| 3 | 011.1 | Atas — livro nº 1 | mar. 45-jun. 60 | 1 v. | |
| 4 | 011.1 | Livro de presenças nº 1 | mar. 45-jun. 60 | 1 v. | |
| 5 | 011.1 | Documentos referentes às assembléias gerais | 1945-80 | 34 v. | 2-18 |
| 6 | 011.1 | Eleições | 1960 | 1 pt. | |
| 7 | 011.1 | Atas — livro nº 2 | mar. 61-abr. 80 | 1 v. | 19 |
| 8 | 011.1 | Livro de presenças nº 2 | mar. 61-abr. 80 | 1 v. | |
| 9 | 011.1 | Currículos diversos | s.d. | 1 pt. | 20 |

* A numeração dos itens destina-se a facilitar sua localização no índice que deverá complementar o inventário.

SÉRIE: CONSELHO DIRETOR — AS/CD

| Itens | Título | | Datas abrangentes | Quant. | Localização |
|---|---|---|---|---|---|
| 1 | 011.2 | Formação dos primeiros conselhos | 1944 | 2 pt. | AS/DC 1 |
| 2 | 011.2 | Atas — livro nº 1 | 1944-50 | 1 v. | 2 |
| 3 | 011.2 | Correspondência | 1946 | 1 pt. | |
| 4 | 011.2 | Homenagem ao conselheiro Eugênio Gudin | 1976 | 1 pt. | |

SÉRIE: CONSELHO CURADOR — AS/CC

| Itens | Título | | Datas abrangentes | Quant. | Localização |
|---|---|---|---|---|---|
| 1 | 011.3 | Atas — livro nº 1 | 1945-60 | 1 v. | AS/CC 1 |
| 2 | 011.3 | Correspondência | 1945-46, 48-50 | 1 pt. | |

SÉRIE: CONSELHO TÉCNICO — AS/CT[3]

| Itens | Título | Datas abrangentes | Quant. | Localização |
|---|---|---|---|---|
| 1 | Atas mimeografadas | 1945-46 | 1 pt. | AS/CT 1 |
| 2 | Atos, instruções de serviço e circulares | 1948 | 1 pt. | |

Como modelos de inventários sumários destacam-se os de Boullier de Branche (1960a), o do arquivo particular de Rodrigo de Souza da Silva Pontes (Brasil, Ministério das Relações Exteriores, Arquivo Histórico, 1967) e o de Rangel (1939).

Boullier de Branche, diretor dos Arquivos de Sarthe (França), convidado por José Honório Rodrigues, na ocasião diretor do Arquivo Nacional, elaborou o *Inventário sumário dos documentos da Secretaria de Estado da Marinha* (1960a) e introduziu no Brasil os melhores padrões da moderna técnica arquivística. Em nota liminar da publicação, José Honório esclarece a origem do fundo inventariado, seguida de nota histórica sobre o Ministério da Marinha e a sucessão dos titulares da pasta, no período abrangido pela documentação inventariada.

---

[3] Extinto em 1948, antes da adoção do método de classificação, razão pela qual sua documentação deixou de ser codificada.

### Inventário analítico

Instrumento de pesquisa no qual as unidades de arquivamento de um fundo ou de uma de suas divisões são identificadas e descritas pormenorizadamente.

Sua finalidade é propiciar ao usuário um conhecimento individualizado das unidades de arquivamento, através da descrição minuciosa de seu conteúdo. Neste caso, é aconselhável a assessoria de especialista, por exigir domínio do tema a ser descrito.

Para exemplificar e oferecer ao leitor oportunidade de confronto, será apresentado a seguir o inventário analítico da Presidência da Fundação X, cujos itens foram descritos anteriormente de forma sumária.

INVENTÁRIO ANALÍTICO DA SÉRIE DA PRESIDÊNCIA DA FUNDAÇÃO X, 1944-80

| Itens | Descrição | Localização |
|---|---|---|
| 1 | 001 Comissão de redação dos estatutos<br>Anteprojeto dos estatutos e relação dos membros componentes da Comissão, 1944-45.<br>1 pt. | AS/PF    1 |
| 2 | 002 Alvarás de localização<br>Correspondência trocada com os órgãos competentes para obter e renovar anualmente os alvarás de localização e funcionamento, 1944-54.<br>1 pt. | AS/PF    1 |
| 3 | 002 Registro no Cadastro Geral dos Contribuintes<br>Correspondência trocada com o Ministério da Fazenda, visando ao registro da Fundação X no Cadastro Geral dos Contribuintes, 1957.<br>1 pt. | AS/PF    1 |
| 4 | 002 Registro de Títulos e Marcas<br>Documentos diversos referentes ao registro dos títulos dos periódicos editados pela Fundação X, 1947-50.<br>1 pt. | AS/PF    1 |
| 5 | 002 Registro de Títulos e Marcas<br>Documentos diversos referentes ao registro dos títulos da Escola Nacional de Administração e da Escola Nacional de Direito Público, 1951-59.<br>1 pt. | AS/PF    1 |

continuação

| Itens | Descrição | Localização |
|---|---|---|
| 6 | 003 Relatórios anuais<br>Inclui informações sobre as atividades desenvolvidas por todos os órgãos que integram a Fundação. Ilustram os relatórios, quadros e tabelas estatísticas, 1944-58.<br>14 v. | AS/PF 2-17 |
| 7 | 003 Relatórios anuais<br>Idem, referente ao período 1959-80. Anexo ao relatório de 1980 encontra-se relatório especial de C. Castro Lima sobre a situação financeira da Fundação.<br>21 v. | AS/PF 18-28 |
| 8 | 010 Criação da Fundação X<br>Entrevista com a imprensa sobre a criação da Fundação; exposição de motivos nº 2.697, de 29 de julho de 1944, solicitando ao presidente da República isenção de impostos federais; parecer de C. A. Bittencourt Pereira sobre aspectos legais a serem cumpridos para criação da Fundação; correspondência sobre composição dos Conselhos Diretor e Curador, 1944-45.<br>2 pt. | AS/PF 29 |
| ... | ... | ... |
| 18 | 520 Assistência técnica — Universidade de Brasília<br>Convênio assinado para elaboração de projeto referente à reorganização administrativa da Universidade, 1962-63.<br>1 pt. | AS/PF 38 |
| 19 | 910 Comemorações. 30º aniversário da Fundação X<br>Correspondência de felicitações; discurso de Maurício Lobo ao inaugurar-se o busto do presidente; documentos diversos relativos à organização dos festejos, 1973-74.<br>3 pt. | AS/PF 39/41 |

Para complementar o estudo da matéria, sugere-se a leitura do *Catálogo da coleção visconde do Rio Branco* (Brasil, Ministério das Relações Exteriores, Instituto Rio Branco, s.d.) e do *Inventário analítico do arquivo da Casa Imperial do Brasil, 1807-1816* (Museu Imperial, Petrópolis, 1974), que descrevem arquivos privados e são revestidos de características especiais.

O primeiro, indevidamente chamado de catálogo — porque se configura como um inventário analítico —, é minuciosamente descrito e sente-se a orientação segura do seu coordenador, o historiador José Honório Rodrigues.

O segundo permite uma visão completa da composição das unidades de arquivamento, no período de 1807 a 1816. Por ter havido necessidade de dar novo arranjo às unidades de arquivamento, foi elaborada uma *tabela de equivalência* ou *concordância* para remeter o usuário das antigas às novas notações (1974:276-311).

### 2.2.3 Catálogo

Instrumento de pesquisa elaborado segundo um critério temático, cronológico, onomástico ou geográfico, incluindo *todos os documentos*, pertencentes a um ou a mais fundos, descritos de forma sumária ou pormenorizada.

Sua finalidade é agrupar os documentos que versem sobre um mesmo assunto, ou que tenham sido produzidos num dado período de tempo, ou que digam respeito a determinada pessoa, ou a lugares específicos existentes num ou mais fundos.

A título de exemplo, segue-se um trecho do catálogo temático.

CATÁLOGO DA DOCUMENTAÇÃO REFERENTE À CRIAÇÃO
DA FUNDAÇÃO X
(Data oficial de criação: 18 de setembro de 1944)

| Itens | Descrição | Localização |
|---|---|---|
| 1 | *Assembléia Geral — AS/ASS.G*<br>Atas da Assembléia Geral — livro nº 1, de março de 1945 a junho de 1960. 1 v. | AS/ASS.G 1 |
| 2 | Membros da 1ª Assembléia Geral. Correspondência convidando diversas personalidades para participarem dessa Assembléia. Relação de membros, 1944. 1 pt. | AS/ASS.G 1 |
| 3 | *Conselho Curador — AS/CC*<br>Atas do Conselho Curador, 1945-60, 1 v. | AS/CC 1 |
| 4 | Membros componentes do 1º Conselho, 1944. 2 pt. | AS/CC 1 |
| 5 | *Conselho Diretor — AS/CD*<br>Atas do Conselho Diretor, 1944-50. 1 v. | AS/CD 2 |
| 6 | Formação dos primeiros conselhos, 1944. 2 pt. | AS/CD 1 |
| 7 | *Presidência — AS/PF*<br>— Boletins Informativos<br>Boletim — Ano I, nº 1-7, 9-11, 1946. Contém matéria sobre a história da Fundação X, legislação, atividades, diretrizes, plano de trabalho. 1 v. | AS/PF 102 |

continuação

| Itens | Descrição | Localização |
|---|---|---|
| 8 | Boletins de Ocorrências — outubro de 1950 a janeiro de 1952. Inclui informações retrospectivas sobre a criação da Fundação X | AS/PF 102 |
| 9 | — Criação da Fundação X<br>Certidão de Registro do 5º Ofício de Registro de Títulos e Documentos. Livro A, nº 1, do Registro Civil de Pessoas Jurídicas, nº de ordem 203, nº de protocolo 25.256. Rio de Janeiro, 15 de janeiro de 1945. 2 fls. | AS/PF 29 |
| 10 | Doadores-fundadores: governos de estados e territórios; Caixa Econômica Federal dos estados do Paraná, Rio de Janeiro e São Paulo; autarquias. Contém correspondência e relações, 1944-45. 1 pt. | AS/PF 31 |
| 11 | Doadores-fundadores: Livros de assinaturas, 1944. 4 v. | AS/PF 32-34 |
| 12 | Entrevista com a imprensa sobre a criação da Fundação, em 20 de setembro de 1944; exposição de motivos nº 2.697, de 29 de julho de 1944, solicitando ao presidente da República isenção de impostos federais; parecer de C. A. Bittencourt Pereira sobre aspectos legais a serem cumpridos para a criação da Fundação, 1944-45. 2 pt. | AS/PF 29 |
| 13 | Escritura de constituição do 17º Ofício de Notas, tabelião dr. Luiz Cavalcanti. Livro 476, fls. 6 v. Rio de Janeiro, 18 de setembro de 1944. 1 pt. | AS/PF 29 |
| 14 | — Estatutos<br>Estatutos da Fundação X: Comissão de Redação dos Estatutos; anteprojeto e versão final, 1944-45. 1 pt. | AS/PF 1 |
| 15 | — Planos de trabalho<br>Estudo apresentado pela sra. Nelly Leite sobre atividades a serem desenvolvidas e os recursos financeiros necessários, outubro de 1944. 1 pt. | AS/PF 29 |

Para melhor compreensão do assunto sugerem-se as obras de Quesada Zapiola (1948) e de Rau & Silva (1955-58).

Quesada, ao descrever as relações diplomáticas entre EUA e Argentina, no período 1810-30 deixa claro a conceituação de catálogo ao afirmar que "neste trabalho, unicamente se faz a descrição daqueles grupos de documentos diplomáticos, nos quais direta ou indiretamente se faz referência à República Argentina ou à América do Sul, sempre que o documento referenciado tenha alguma relação com nosso país, suprimindo-se o material que não corresponda ao assunto específico deste catálogo" (1948:10).

Já o trabalho de Rau & Silva se caracteriza como catálogo, porque o assunto enfocado é o Brasil e os documentos foram arrolados em sua totalidade. As autoras afirmam não terem omitido sequer os documentos anteriormente divulgados. Deram-lhes apenas tratamento menos detalhado.

### 2.2.4 Repertório

É o instrumento de pesquisa que descreve pormenorizadamente documentos previamente selecionados, pertencentes a um ou mais fundos, segundo um critério temático, cronológico, onomástico ou geográfico.

Nesse tipo de instrumento está presente um juízo de valor que estabelece ou não a inclusão de determinado documento. Sua elaboração só se justifica em casos específicos, quando há intenção de ressaltar documentos individuais relevantes.

A disposição das entradas e demais informações se assemelha à do catálogo, sendo os itens descritos minuciosamente, cabendo mesmo a transcrição de documentos na íntegra.

Como subsídio, apresenta-se parte de um repertório elaborado pelo critério cronológico.

REPERTÓRIO REFERENTE À CRIAÇÃO DA FUNDAÇÃO X
(No período 1944-46)

| Itens | Descriçao | Localização |
|---|---|---|
| 1 | 18-9-1944<br>Escritura de constituição do 17º Ofício de Notas, tabelião Dr. Luiz Cavalcanti. Livro 476, fls. 6 v. Rio de Janeiro. 29 fls. | AS/PF 29 |
| 2 | 20-9-1944<br>Entrevista concedida à imprensa sobre a criação da Fundação X, na qual o presidente afirma "a Fundação X é uma instituição de caráter técnico, educativo e cultural, que certamente desempenhará atividades pioneiras em nosso país".<br>4 fls. | AS/PF 29 |
| ... | ... | ... |
| ... | ... | ... |

Outro exemplo de repertório pode ser encontrado no *Catálogo coletivo dos arquivos brasileiros: repertório referente à Independência do Brasil* (Brasil, Arquivo Nacional, 1972), cujo caráter seletivo é bem configurado pela nota explicativa ao afirmar que "arrolamos somente documentos de maior importância e elementos concretos que pudessem ser úteis aos estudiosos..." (p. 2).

Da mesma maneira que no trabalho precedente, Flavio Guerra relaciona em sua obra apenas os documentos julgados "mais interessantes" (1962:14).

## 2.3 Instrumento de pesquisa auxiliar

### 2.3.1 Índice

É uma lista sistemática, pormenorizada, dos elementos do conteúdo de um documento ou grupo de documentos, disposta em determinada ordem para indicar sua localização no texto. Sua finalidade é remeter rapidamente o leitor ao contexto onde se acha inserido o termo indexado e apresenta-se de duas formas: como obra independente ou como parte integrante da obra indexada.

Como exemplo de índice que constitui obra independente, recomenda-se o trabalho de Dabbs publicado em 1972. E como modelos que integram a obra, citam-se o *Catálogo da coleção visconde do Rio Branco* (Brasil, Ministério das Relações Exteriores, Instituto Rio Branco, s.d.), o trabalho de Guerra (1962), o *Inventário do arquivo Leitão da Cunha, barão de Mamoré* (Museu Imperial, Petrópolis, 1972) e a publicação de Rau & Silva (1955-58).

Quanto à elaboração de índice propriamente dito, pode-se indicar consulta às obras de Collinson (1971) e Knight (1974), que fornecem informações precisas sobre a difícil tarefa de indexar.

Não há índice cumulativo. Cada volume apresenta os seus, que usualmente são de nomes e de assuntos, numa só ordem alfabética. No caso de indexação de ilustrações, as normas técnicas utilizam o termo *tabela* e não índice de ilustrações.

### 2.3.2 Tabela de equivalência ou concordância

É um instrumento de pesquisa auxiliar que dá a equivalência de antigas notações para as novas que tenham sido adotadas, em decorrência de alterações no sistema de arranjo.

Exemplo:

TABELA DE EQUIVALÊNCIA ENTRE AS NOTAÇÕES DO INVENTÁRIO
PRELIMINAR E AS DO INVENTÁRIO ANALÍTICO

| Símbolo anterior | Símbolo atual |
|---|---|
| XI — 178 | AS/ASS.G 2 |
| XII — 221 | AS/CC 1 |
| XIII — 233 | AS/CD 2 |
| XIV — 275 | AS/PF 1 |
| XIV — 276 | AS/PF 2 |
| XIV — 277 | AS/PF 3 |
| ......... ......... | ........................ |
| XXXII — 1.129 | BAP 439 |

## 2.4 Recomendações quanto à elaboração do instrumento de pesquisa

O fundo, a série e a subsérie da documentação que se pretende divulgar devem estar identificados e distribuídos pelos locais de guarda — arquivos, estantes, prateleiras — segundo um arranjo estabelecido conforme as normas da arquivística.

Isso se aplica tanto aos arquivos públicos, quanto aos privados. Somente após estar a disposição física dos documentos devidamente caracterizada num arranjo sistemático, caberá o planejamento do *guia* e, sucessivamente, dos demais instrumentos de pesquisa. A parte descritiva deve conformar-se, igualmente, às prescrições arquivísticas.

No planejamento da tarefa, alguns elementos básicos devem ser levados em consideração:

- natureza da documentação;
- sistema de arranjo;
- disponibilidade de recursos humanos e financeiros;
- adequação do tipo de instrumento ao objetivo que se visa alcançar.

No I Encontro de Bibliotecários e Arquivistas Portugueses, realizado em Coimbra, de 1 a 3 de abril de 1965, Costa (1966) sintetiza as normas gerais sugeridas por diversos especialistas e organizações internacionais, das quais transcrevem-se algumas adaptações:

"1. Nenhum núcleo documental deve estar privado dos indispensáveis elementos de pesquisa.

2. Se isso acontecer, deve-se primeiramente elaborar os meios de pesquisa para aqueles núcleos que não disponham de nenhum instrumento antes de refazer-se os já existentes, embora deficientes.
3. Em igualdade de circunstâncias, deve-se dar preferência aos núcleos mais consultados pelo seu valor intrínseco ou interesse público e não aos que são mais do agrado do arquivista.
4. Colocar os instrumentos de trabalho à disposição dos pesquisadores em salas e fichários, publicando, ou pelo menos duplicando, os que disserem respeito aos núcleos mais importantes e consultados.
5. Para facilitar a consulta deve haver um guia de todos os instrumentos de trabalho à disposição do usuário.
6. Todos os instrumentos de trabalho devem ter os respectivos índices e uma introdução sobre a instituição e seus núcleos documentais" (1966:267-8).

## 3. Atividades de conservação

A conservação compreende os cuidados prestados aos documentos e, conseqüentemente, ao local de sua guarda.

Para a construção de um arquivo, o ideal é um local elevado, com o mínimo de umidade, em área isolada, com previsão de ampliação futura e precaução contra o fogo. O material a ser empregado, tanto quanto isso seja possível, deve ser não-inflamável, utilizando-se pedra, ferro, concreto e vidro.

A luz, o ar seco, a umidade, o mofo, a temperatura inadequada, a poeira, gases e inúmeras pragas, a médio e longo prazos, são altamente prejudiciais à conservação do acervo documental.

Luz – A luz do dia deve ser abolida na área de armazenamento, porque não só acelera o desaparecimento das tintas, como enfraquece o papel. A própria luz artificial deve ser usada com parcimônia.

Ar seco – É outro fator de enfraquecimento do papel.

Umidade – Além de exercer o mesmo efeito do ar seco, propicia o desenvolvimento do mofo. O índice de umidade ideal situa-se entre 45 e 58%.

Temperatura – Não deve sofrer oscilações, mantendo-se entre 20 e 22°. O calor constante destrói as fibras do papel. O ideal é a utilização ininterrupta de aparelhos de ar condicionado e desumidificadores, a fim de climatizar as áreas de armazenamento e filtrar as impurezas do ar. Não sendo viável tal prática, deve-se empregar sílica-gel, acondicionada em recipientes plásticos, no fundo das gavetas ou estantes para combater a umidade.

POEIRA E GASES — Contribuem para o envelhecimento prematuro dos papéis. A poeira é composta de partículas em suspensão que penetram nas fibras do papel. Quando este é manuseado faz-se sentir a sua ação cortante. As emanações deletérias dos gases também destroem as fibras do papel.

PRAGA — Determinados insetos são atraídos pela celulose do papel, cola, goma ou caseína, mas a umidade é a principal causadora de seu aparecimento, pois neste ambiente encontram condições ideais para se desenvolverem.

São as seguintes as principais operações de conservação: a) desinfestação; b) limpeza; c) alisamento; d) restauração ou reparo.

## 3.1 Desinfestação

O método de combate aos insetos mais eficiente é a fumigação. A substância química a ser empregada nesse processo deve passar por testes de garantia da integridade do papel e da tinta sob sua ação.

Existem câmaras especiais para fumigação. O processo consiste em introduzir os documentos na câmara, onde se faz o vácuo, aplica-se o produto químico — timol, DDT, fluoreto de sódio, cristais de paradicloro-benzeno ou kiloptera líquido — e submetem-se os documentos à ação do fumigante pelo prazo de 48 a 72 horas, aproximadamente. Em seguida, repete-se o vácuo, insufla-se o ar e retiram-se os documentos. Com a fumigação os insetos, em qualquer fase de desenvolvimento, são completamente destruídos.

Quando não existem câmaras apropriadas pode-se fazer a fumigação na própria área de armazenamento, calafetando-a e introduzindo o gás por meio de mangueiras, sob a proteção de máscaras.

## 3.2 Limpeza

Em países desenvolvidos há instalações especiais para a operação de limpeza, que é a fase posterior à fumigação. Na falta dessas instalações usa-se um pano macio, uma escova ou um aspirador de pó.

## 3.3 Alisamento

Consiste em colocar os documentos em bandejas de aço inoxidável, expondo-os à ação do ar com forte percentagem de umidade (90 a 95%), durante uma hora, em uma câmara de umidificação. Em seguida, são passados a ferro, folha por folha, em máquinas elétricas. Caso existam documentos em estado de fragilidade, recomenda-se o emprego de prensa manual sob pressão moderada. Na falta de equipamento adequado, aconselha-se usar o ferro de engomar caseiro.

## 3.4 Restauração

A restauração exige um conhecimento profundo dos papéis e tintas empregados. Vários são os métodos existentes.

O método ideal é aquele que aumenta a resistência do papel ao envelhecimento natural e às agressões externas do meio ambiente — mofo, pragas, gases, manuseio — sem que advenha prejuízo quanto à legibilidade e flexibilidade, e sem que aumente o volume e o peso.

Nos métodos mais comuns aplica-se uma película protetora em um dos lados do papel, por meio de solução vaporizadora, imersão ou dos processos de laminação e *silking*. Essa película não deve impedir a passagem dos raios ultravioletas ou infravermelhos. O processo deve ser fácil e tão elástico que permita o tratamento dos documentos antigos como modernos, seja qual for o seu estado de conservação. A matéria-prima e o equipamento utilizados devem ser de baixo custo e de fácil aquisição.

### 3.4.1 Banho de gelatina

Consiste em mergulhar o documento em banho de gelatina ou cola, o que aumenta a sua resistência, não prejudica a visibilidade e a flexibilidade e proporciona a passagem dos raios ultravioletas e infravermelhos. Os documentos, porém, tratados por este processo, que é manual, tornam-se suscetíveis ao ataque dos insetos e dos fungos, além de exigir habilidade do executor.

### 3.4.2 Tecido

Processo de reparação em que são usadas folhas de tecido muito fino, aplicadas com pasta de amido. A durabilidade do papel é aumentada consideravelmente, mas o emprego do amido propicia o ataque de insetos e fungos, impede o exame pelos raios ultravioletas e infravermelhos, além de reduzir a legibilidade e a flexibilidade.

### 3.4.3 Silking

Este método utiliza tecido — crepeline ou musseline de seda — de grande durabilidade, mas, devido ao uso de adesivo à base de amido, afeta suas qualidades permanentes. Tanto a legibilidade quanto a flexibilidade, a reprodução e o exame pelos raios ultravioletas e infravermelhos são pouco prejudicados. É, no entanto, um processo de difícil execução e cuja matéria-prima é de alto custo.

### 3.4.4 Laminação

Processo em que se envolve o documento, nas duas faces, com uma folha de papel de seda e outra de acetato de celulose, colocando-o numa prensa hidráulica, sob pressão média de 7 a 8kg/cm e temperatura entre 145 a 155°C.

O acetato de celulose, por ser termoplástico, adere ao documento, juntamente com o papel de seda, e dispensa adesivo. A durabilidade e as qualidades permanentes do papel são asseguradas sem perda da legibilidade e da flexibilidade, tornando-o imune à ação de fungos e pragas. Qualquer mancha resultante do uso pode ser removida com água e sabão.

O volume do documento é reduzido, mas o peso duplica. A aplicação, por ser mecanizada, é rápida e a matéria-prima, de fácil obtenção. A fotografia é simplificada e o material empregado na restauração não impede a passagem dos raios ultravioletas e infravermelhos. Assim, as características da laminação são as que mais se aproximam do método ideal.

### 3.4.5 Laminação manual

Este processo, desenvolvido na Índia, utiliza a matéria-prima básica da laminação mecanizada, embora não empregue calor nem pressão, que são substituídos pela acetona. Esta, ao entrar em contato com o acetato, transforma-o em camada semiplástica que, ao secar, adere ao documento, juntamente com o papel de seda.

A laminação manual, também chamada de laminação com solvente, oferece grande vantagem àqueles que não dispõem de recursos para instalar equipamentos mecanizados.

### 3.4.6 Encapsulação

Utiliza basicamente películas de poliéster e fita adesiva de duplo revestimento.

O documento é colocado entre duas lâminas de poliéster fixadas nas margens externas por fita adesiva nas duas faces; entre o documento e a fita deve haver um espaço de 3mm, deixando o documento solto dentro das duas lâminas (ver figura 33).

Figura 33

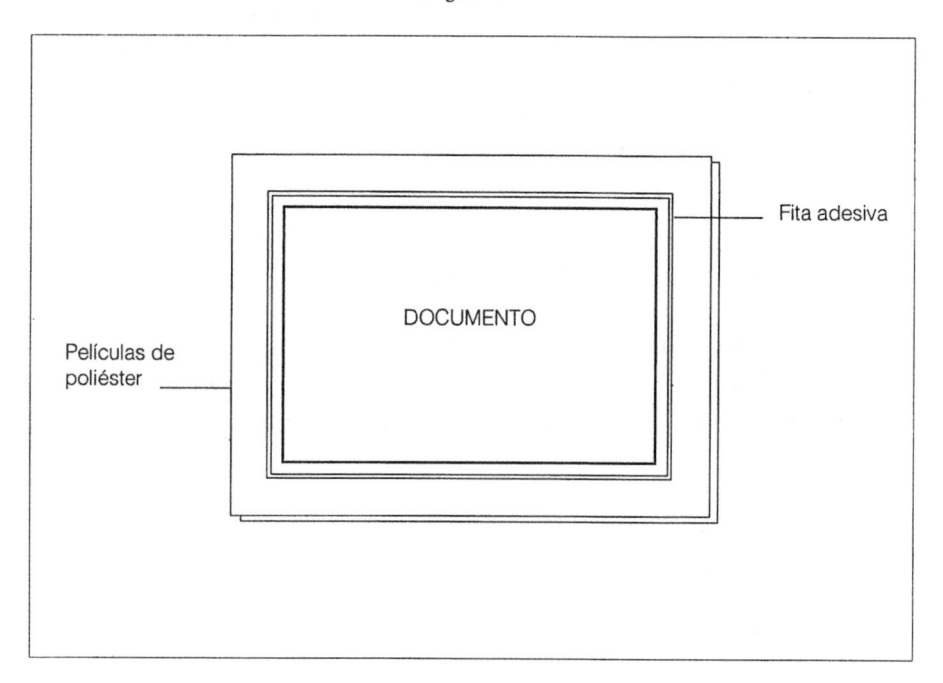

```
                    Fita adesiva
Películas de
poliéster
            DOCUMENTO
```

Ao terminar a operação, corta-se o excesso de poliéster e arredondam-se as extremidades para que se evitem acidentes com as pessoas que manipulam os documentos e danos aos demais que lhes estiverem próximos. A encapsulação é considerada um dos mais modernos processos de restauração de documentos.

Além das técnicas aqui descritas, aplicadas por especialistas na arte da restauração, existem meios mais simples que podem ser empregados em pequenos reparos pelos próprios arquivistas no dia-a-dia de seu trabalho, tais como usar papel de seda japonesa — já existe similar no Brasil — e cola Carbox Metil Celulose, em pó — oferecida no comércio a quilo. Preparar uma mistura com 20g deste pó e meio litro de água morna — filtrada e fervida — e bater até atingir a consistência de gelatina transparente. Aplicar o preparado no verso da folha, por meio de pincel — mesmo que contenha informação — e, em seguida, aderir o papel de seda que, por ser transparente, não omite o texto.

## 4. Atividades de referência

Essas atividades se constituem fundamentalmente em estabelecer as políticas de acesso e de uso dos documentos.

Por política de acesso devemos entender os procedimentos a serem adotados em relação ao que deve ou pode ser consultado. Compete ao arquivo determinar a liberação ou restrição de acesso, após analisar os aspectos políticos e legais que envolvem as informações, bem como os direitos de terceiros, ou determinação de autoridade superior.

Quanto à política de uso, o arquivo estabelece quem e como devem ser consultados os documentos, indicando as categorias de usuários que terão acesso ao acervo, bem como elaborando o regulamento da sala de consultas.

Devem também ser promovidas exposições de documentos e atividades culturais de interesse da comunidade — cursos, palestras, concursos — bem como dispor de serviços de reprodução (microfilme, xerox etc.) e de informações, com profissionais capazes de auxiliar os pesquisadores na completa utilização do acervo.

# Capítulo 6
# Arquivos Especiais

Antes de se abordar o tema, é conveniente registrar o empenho com que os arquivistas se dedicam aos arquivos de papéis como também às demais formas documentais surgidas em decorrência da tecnologia moderna — fotografias, microformas, discos, fitas áudio e videomagnéticas e todos os produtos dos sistemas de computador.

Subsiste ainda a idéia, embora errônea, de que os arquivistas manipulam apenas documentos convencionais e meramente administrativos — correspondência, memorandos, processos etc. Em conseqüência, os demais documentos, como relatórios técnicos, planos de trabalho, projetos, desenhos, plantas e outros, muitas vezes chamados impropriamente de *arquivos técnicos*, são encaminhados a bibliotecas, centros de documentação, serviços de audiovisuais etc.

Conforme explicitado no capítulo 2, *arquivos especializados* são aqueles que têm sob sua custódia os documentos resultantes da experiência humana num campo específico, independentemente da forma física que apresentem. São exemplos os arquivos hospitalares ou arquivos médicos, os arquivos de imprensa, os arquivos de engenharia e assim por diante.

Viu-se também que *arquivos especiais* são aqueles que têm sob sua guarda documentos em diferentes tipos de suportes e que, por esta razão, merecem tratamento especial não apenas no que se refere ao seu armazenamento, como também ao registro, acondicionamento, controle e conservação. Ambos, entretanto, arquivos especiais e especializados, estão perfeitamente inseridos no campo da arquivologia, que dispõe dos princípios e técnicas para a sua correta organização.

Um jornal ou revista, uma estação de TV ou de rádio, além de seu próprio arquivo como empresa, terá também um ou vários arquivos especiais, contendo material informativo para pesquisa de seu corpo redatorial, bem como para guarda de discos, filmes, fitas áudio e videomagnéticas, recortes de jornais e fotografias, os quais deverão ser administrados, embora distintos, como um conjunto arquivístico.

Tratar-se-á aqui dos arquivos especiais mais freqüentemente encontrados e que são os de fotografias, fitas audiomagnéticas, filmes, discos, recortes de jornais e catálogos impressos.

## 1. Arquivo fotográfico

As atividades de um arquivo fotográfico devem ser desenvolvidas basicamente em cinco fases: recepção e identificação, preparo, registro, arquivamento e pesquisa.

### 1.1 Recepção e identificação

As fotografias e os negativos devem ser encaminhados ao arquivo pelos diversos órgãos que integram a organização, acompanhados das informações indispensáveis ao registro. Quando tal não ocorre, torna-se necessário manter entendimentos com os remetentes das fotos, no sentido de identificá-las.

### 1.2 Preparo

Os métodos mais utilizados para o arquivamento de fotografias são os de assunto, o numérico simples e o unitermo, em face de sua simplicidade de operação, rapidez de acesso e localização, e inúmeras possibilidades de recuperação.

Dependendo do método utilizado, as fotografias recebem um código de assunto — atribuído em função do assunto principal — ou um número de registro — em ordem crescente, controlado em livro próprio — assinalados, em lápis macio, no verso da fotografia e nas pastas ou envelopes em que será acondicionada.

A experiência demonstra que nem sempre há necessidade de se codificar ou numerar cada foto. Quando se recebem cinco, 10, 20 ou mais fotos de uma mesma cerimônia, acontecimento, local ou objeto, fotografados de ângulos diferentes, deve-se dar o mesmo código ou número de registro a cada uma das fotos e negativos.

Nestes casos o código ou o número servirão para identificar e localizar não uma, mas um grupo de fotos, que serão posteriormente arquivadas, juntas, na mesma pasta ou envelope. Procedimento idêntico será aplicado aos negativos.

*1.3 Registro*

Uma vez codificadas ou numeradas, destacam-se das fotografias todos os elementos que possam servir à pesquisa: nomes, assuntos, fatos ou acontecimentos, datas, lugares ou objetos. Tais elementos serão transcritos numa ficha principal (figuras 34 e 35), que será desdobrada de forma a atender às peculiaridades de cada caso (figuras 36 e 37). Para os assuntos, deve-se elaborar uma lista de termos específicos com as remissivas necessárias, a fim de se evitar o emprego de sinônimos e palavras diferentes para expressar a mesma idéia. Da ficha devem constar ainda informações complementares sobre a apresentação física da fotografia (branco e preto ou em cores), a quantidade, inclusive de negativos, a referência bibliográfica, em caso de publicação, e outros dados pertinentes a cada caso.

Figura 34
*Unitermo: ficha-índice*

| ARQUIVO CENTRAL | Nº 0525 |
|---|---|
| | Palavras-chave Descritores |
| Resumo: Instalações do Arquivo Central da FGV. Rio de Janeiro, 22 de maio de 1975.<br><br>7 fot. b/p, 21 provas e 7 negativos.<br><br>*Informativo*, 7(6):31-6, jun. 1975. | Arquivo Central<br>Edifícios<br>Sales, Eliana Balbina Flora<br>Pestana, Marli Soares<br>Pimenta<br>Riani, Eloisa Helena |

Figura 35
*Numérico simples: ficha principal*

```
                                                      0525
      Instalações do Arquivo Central da FGV. Rio de Janeiro, 22 de maio
de 1975.

      7 fot. b/p, 21 provas e 7 negativos.


      1. Arquivo Central. 2. Edifícios. 3. Sales, Eliana Balbina Flora. 4. Pestana,
Marli Soares Pimenta. 5. Riani, Eloisa Helena.
```

Figura 36
*Unitermo: ficha de descritor*

ARQUIVO CENTRAL

| 0 | 1 | 2 | 3 | 4 | 5 | 6 | 7 | 8 | 9 |
|---|---|---|---|---|---|---|---|---|---|
| 0500 |  | 0512 |  |  | 0525 |  |  |  |  |
|  |  |  |  |  |  |  |  |  |  |
|  |  |  |  |  |  |  |  |  |  |
|  |  |  |  |  |  |  |  |  |  |
|  |  |  |  |  |  |  |  |  |  |
|  |  |  |  |  |  |  |  |  |  |
|  |  |  |  |  |  |  |  |  |  |
|  |  |  |  |  |  |  |  |  |  |
|  |  |  |  |  |  |  |  |  |  |

Figura 37
*Numérico simples: ficha de assunto*

```
                                                              0525
        ARQUIVO CENTRAL
           Instalações do Arquivo Central da FGV. Rio de Janeiro, 22 de maio
        de 1975.

           7 fot. b/p, 21 provas e 7 negativos.


           1. Arquivo Central. 2. Edifícios. 3. Sales, Eliana Balbina Flora. 4. Pestana,
        Marli Soares Pimenta. 5. Riani, Eloisa Helena.
```

Conforme o método adotado, as fichas principais devem ser arquivadas pelo código do assunto ou em ordem numérica, e as demais, em fichário próprio, em rigorosa ordem alfabética de nomes, assuntos, locais, objetos etc. e em ordem cronológica das datas.

## 1.4 Arquivamento

### 1.4.1 Fotografia

Para se evitar a deterioração pela umidade e acidez, as fotografias devem ser acondicionadas em *folders* confeccionados em papel de pH neutro e guardadas em pastas suspensas, com suportes de plástico. Devem ser identificadas pelo mesmo código de assunto ou número de registro dado ao grupo de fotos que contêm e arquivadas pelo código do assunto principal ou em ordem numérica crescente, conforme o método adotado, em móveis de aço.

É da maior importância saber-se quem é quem na fotografia.

Para se proceder à identificação das pessoas retratadas, quando dispostas em grupos dispersos, utilizam-se folhas de papel cristal, sobre as quais se decalcam, com caneta hidrográfica, o contorno das cabeças, numerando-as e relacionando abaixo os nomes correspondentes a cada número (figura 38). Essas folhas receberão o código do assunto ou o número de registro correspondente às fotos a que se referem e serão arquivadas em separado, uma vez que a acidez do papel é prejudicial às fotografias.

Figura 38

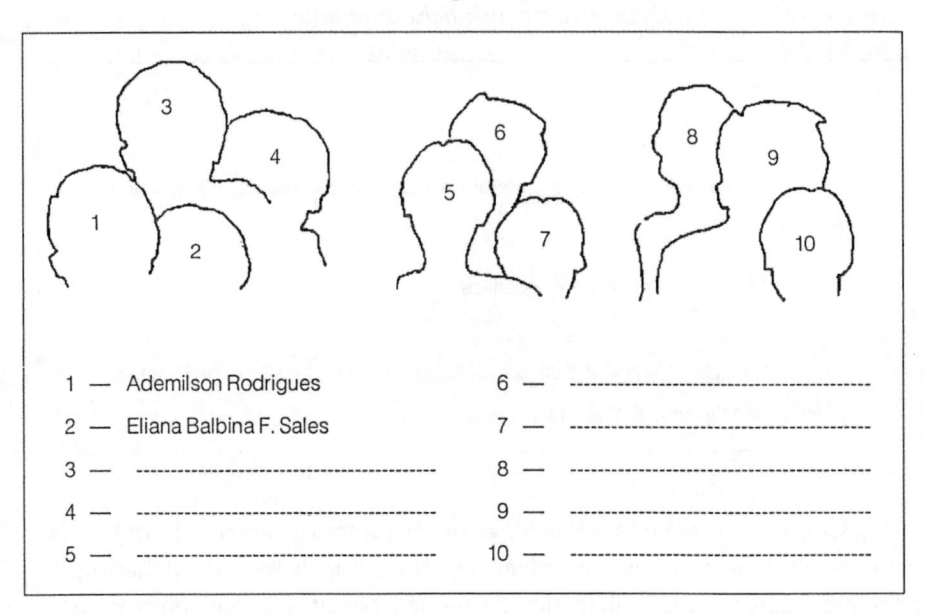

```
1 — Ademilson Rodrigues      6 — ..................................
2 — Eliana Balbina F. Sales  7 — ..................................
3 — ..........................  8 — ..................................
4 — ..........................  9 — ..................................
5 — ..........................  10 — ..................................
```

## 1.4.2 Negativo

Devido às peculiaridades de seu suporte — filme — os negativos devem ser acondicionados em tiras, em envelopes confeccionados em papel de pH neutro ou polietileno.

O código do assunto ou o número de registro e o da fotografia correspondente devem ser transcritos no envelope em que o negativo for acondicionado.

O grupo de negativos — acondicionados individualmente em envelopes de papilene — referentes a um mesmo acontecimento deve ser colocado em envelope de papel de pH neutro, em dimensões especiais, onde será igualmente transcrito o número do registro. Esses envelopes serão arquivados numericamente, em fichários tamanho 4 x 6".

Quando as fotos forem encaminhadas ao arquivo sem os respectivos negativos, no lugar destes será feita uma anotação a fim de justificar a "aparente" falha na seqüência numérica. O mesmo procedimento deve ser mantido quando ocorrer caso inverso, isto é, quando os negativos forem encaminhados sem as fotos.

Há casos em que as fotografias são remetidas acompanhadas de um número superior de negativos, cujas fotos correspondentes só dão entrada no Arquivo em data posterior. Se adotado o método numérico simples e o unitermo, essas fotos devem receber outro número de registro, seguindo-se, daí por diante, as rotinas estabelecidas. No fichário de negativos serão anotadas as informações necessárias conforme já foi descrito.

### 1.4.3 Álbum

Os álbuns, que obedecem a formatos e dimensões não-padronizados, devem ser arquivados em separado, horizontalmente, colocando-se no arquivo ficha remissiva informando a sua localização.

### 1.5 Pesquisa

A pesquisa será feita por meio das fichas principais e secundárias, consultadas antes de se manusear as fotografias, a fim de preservá-las dos desgastes decorrentes do uso.

### 2. Arquivo de fita magnética, filme e disco

Os procedimentos para o arquivamento de fitas áudio e videomagnéticas, filmes e discos, guardadas as particularidades de cada suporte, são muito semelhantes aos aplicados no arquivo fotográfico.

Nestes casos, os métodos de arquivamento mais indicados são o numérico simples e o unitermo. Cada rolo de fita ou filme, bem como cada disco, receberá um número de registro que os identificará e localizará no acervo.

Para possibilitar a pesquisa, devem ser preparadas fichas que permitam recuperar as informações através de cada um dos elementos de interesse dos usuários, tais como assuntos, nomes (de conferencistas, autores, intérpretes, compositores, orquestras, regentes, diretores etc.), datas, títulos (de conferências, congressos, músicas, filmes etc.) de lugares, acontecimentos, gêneros musicais (tango, sinfonia, *rock* etc.).

Além dessas informações, as fichas deverão conter as especificações técnicas. No caso de *fitas audiomagnéticas:* o lado da fita (lado 1 ou 2), os números-limite que demarcam os registros gravados, o tempo de duração, a data da gravação, o tipo de gravador e suas características; no caso de *filmes:* o comprimento e a bitola do filme, se é sonoro ou silencioso, em cores ou em branco e preto, o tempo de duração; no caso de *discos:* a duração da execução, o número de faixas de cada lado, a rotação do disco etc.

## 3. Arquivo de recorte de jornal

Em geral, os recortes de jornais são arquivados, com vantagem, por assunto, podendo-se aplicar qualquer um dos métodos usuais, ou seja, o dicionário, o enciclopédico, o decimal ou o duplex.

Desaconselha-se a colagem do recorte em folhas de papel, a fim de não dificultar o processo de microfilmagem, que exige uniformidade de coloração de papéis, bem como melhor aproveitamento dos fotogramas.

O arquivista deverá apor do lado superior direito do recorte a fonte de onde foi extraído, bem como a data do jornal.

Caso seja adotado o método numérico simples ou o do unitermo será indispensável o preparo de fichas por assunto, por nomes de pessoas, por locais ou acontecimentos.

## 4. Arquivo de catálogo impresso

Além da correspondência e de outros documentos convencionais, as empresas possuem também impressos e catálogos produzidos ou não por elas, e que devem receber tratamento arquivístico.

O arquivamento poderá ser feito por assunto, por nome das firmas ou por artigos referenciados nos catálogos.

Uma vez escolhido um desses elementos dever-se-á preparar fichas que possibilitem a recuperação da informação pelos outros dois elementos. Assim, se a escolha recair sobre o arquivamento dos catálogos por *assunto* deverão ser preparadas fichas para os nomes das firmas e para os artigos neles mencionados.

Se o arquivamento for feito pelos *nomes das firmas*, serão preparadas fichas para os assuntos e para os artigos. E, finalmente, se o arquivamento for feito pelos *artigos*, devem ser elaboradas fichas para os nomes das firmas e para os assuntos.

Sugere-se que o método a ser aplicado seja o alfabético, tanto para os nomes de firmas e de artigos quanto para os assuntos.

Nada impede, porém, que se adote o método numérico simples. Neste caso, cada catálogo receberá um número de registro, pelo qual será arquivado, devendo ser organizados fichários com entrada pelo nome das firmas, pelos asssuntos e pelos artigos constantes dos catálogos.

CAPÍTULO 7
# AS TÉCNICAS MODERNAS A SERVIÇO DOS ARQUIVOS

## 1. Microfilmagem

Não é objetivo deste livro oferecer ao leitor, neste capítulo, informações técnicas sobre máquinas, filmes, processos químicos etc., que poderão ser encontradas em catálogos de fabricantes e em obras arroladas nas bibliografias especializadas.

Deseja-se prestar alguns esclarecimentos sobre a tão controvertida aplicação da microfilmagem nos arquivos, que, para esta autora, ainda não foi adequadamente compreendida em nosso país, e apresentar sugestões de ordem prática para sua adoção.

Ninguém pode negar o fascínio que a microfilmagem, assim como a informática, exerce sobre os profissionais e os usuários da informação. E, como sói acontecer, tudo o que fascina gera posicionamentos radicais. Assim, destacam-se, de um lado, os que acreditam ser o microfilme um *instrumento mágico* para reduzir massas de arquivos e, do outro, os que alimentam forte *preconceito* contra ele.

Os adeptos do primeiro grupo, em geral, exacerbam a aplicação do microfilme como fator de economia, colocando em destaque a questão do espaço físico e dos gastos decorrentes do elevado "valor locativo das áreas urbanas" (Oliveira & Rosa, 1981). Os do segundo grupo, em sua grande maioria, só aceitam o microfilme como instrumento de consulta, visando unicamente a preservar os originais do manuseio.

Não se pode deixar de criticar a posição dos que apresentam a microfilmagem como solução milagrosa para reduzir espaço, fundamentando sua argumentação na economia dela decorrente, sem considerar, deliberadamente ou não, os altos custos dos equipamentos, dos filmes, da manutenção de um sistema micrográfico e, sobretudo, dos recursos humanos necessários ao preparo da documentação para microfilmar.

A propósito, o especialista francês Michel Duchein (1981) — talvez o mais conceituado arquivista contemporâneo — observa : "Na França, há alguns anos, realizou-se, com a participação de especialistas de microfilme, um estudo comparativo dos preços da microfilmagem de 100m lineares de documentos e da construção e instalação de um edifício para conservar os mesmos 100m de documentos. O estudo foi feito por duas equipes distintas: uma do Arquivo Nacional e outra de uma firma de material fotográfico. Cada equipe elaborou seu trabalho de modo totalmente independente. A equipe do Arquivo Nacional concluiu que a conservação dos documentos originais custaria três vezes menos do que sua microfilmagem e a equipe da firma de material fotográfico concluiu que a microfilmagem custaria cinco vezes mais do que a construção de um edifício".

Da mesma forma, pode-se criticar aqueles que, a pretexto de preservar a memória institucional, acumulam inutilmente papéis que, após cumprir sua finalidade administrativa ou jurídica, poderiam, pelo valor meramente informativo de seu conteúdo, ser substituídos por microfilmes, ou, em muitos casos, simplesmente eliminados.

A discussão entre os que advogam uma ou outra corrente de pensamento vem-se perpetuando inocuamente através dos tempos, porque a essência da questão ainda não foi devidamente colocada: o custo-benefício da microfilmagem.

A opção pelo uso da micrográfica jamais poderá basear-se apenas no exame frio dos custos e/ou economia decorrentes de sua implantação. Dirigentes e profissionais, além dos custos, deverão considerar, sobretudo, as vantagens da microfilmagem como instrumento tecnológico auxiliar não só para preservar documentos originais, passíveis de destruição pelo manuseio, como também para garantir a segurança do acervo contra furto, incêndios, inundações etc., agilizar a recuperação das informações e facilitar o seu intercâmbio, preencher lacunas dos acervos arquivísticos ou ainda substituir, em situações específicas, grandes volumes de documentos de guarda transitória.

O enfoque deformado da matéria tem sido responsável pelo insucesso de inúmeros programas de microfilmagem, desacreditando e enfraquecendo a imagem de uma tecnologia que, corretamente aplicada, contribui para o aprimoramento dos serviços do arquivo.

Assim, a implantação ou adoção da microfilmagem não é tão simples como pode parecer à primeira vista.

Um bom serviço de microfilmagem pressupõe, em primeiro lugar, a organização arquivística dos documentos e o estabelecimento de um criterioso programa de avaliação e seleção do acervo documental.

Uma vez organizados os arquivos e os documentos devidamente selecionados, o especialista, baseado na análise da documentação a ser microfilmada, deverá proceder a um estudo de viabilidade econômica, de acordo com as disponibilidades financeiras da instituição, definindo e propondo, conforme o caso, uma das seguintes opções ou a combinação de mais de uma delas:

- contratar serviços de terceiros para realizar todas as fases da microfilmagem: preparo, microfilmagem, processamento e duplicação;
- microfilmar a documentação na própria instituição e contratar serviços de terceiros para as fases de processamento e duplicação;
- executar todas as fases da microfilmagem na própria instituição;
- construir instalações adequadas para arquivamento da documentação, adotando-se a microfilmagem apenas para documentos raros ou de significativo valor histórico.

De conformidade com a opção escolhida, só então poder-se-á dimensionar o quadro de pessoal necessário, os equipamentos, filmes e demais materiais e acessórios, as instalações para laboratório, arquivos de segurança e de consulta, tratamento técnico dos documentos e seu armazenamento, bem como estabelecer as normas de funcionamento de todo o sistema que for adotado.

Estes são, em linhas gerais, os pontos fundamentais que devem ser analisados e colocados em discussão.

Cada instituição deverá encontrar a solução que melhor atenda às suas peculiaridades, examinando todas as vantagens e desvantagens que envolvem a microfilmagem, sem perder de vista que os custos dela decorrentes devem ser considerados como investimento e não como despesa.

## 2. Tecnologia da informação[4]

Na história da evolução da humanidade, duas fantásticas invenções podem ser apontadas como responsáveis pelos progressos técnicos, científicos e

---

[4] Transcrição parcial de artigo da autora, publicado no *Boletim da AAB*, *4* (1), jan./mar. 1994, sob o título "Os arquivos e as novas tecnologias".

culturais alcançados pelo homem desde a sua origem até os nossos dias: a imprensa, em meados do século XV, e a informática no século atual.

Dispensável arrolar aqui as inúmeras modificações que foram sendo introduzidas no cotidiano das pessoas em decorrência dessas descobertas e seus desdobramentos em novas tecnologias, desenvolvidas num ritmo cada vez mais rápido, transformando-se num fenômeno complicado de administrar, visto que qualquer mudança requer um período próprio de assimilação e adaptação.

Certamente, esses fenômenos da modernidade — velocidade *versus* avanços tecnológicos — invadiram o universo daqueles que têm a informação como matéria-prima de seu desempenho profissional, entre os quais estamos nós arquivistas, bibliotecários, documentalistas, analistas de sistemas e tantos outros.

Essa nova realidade suscita nos espíritos curiosos e criativos inúmeras questões, muitas delas ainda sem respostas, não só sobre o papel dos arquivos em face dos desafios tecnológicos do mundo contemporâneo como também sobre o perfil do profissional capaz de enfrentar tais desafios.

É inquestionável o fato de que, queiramos ou não, a tecnologia rompeu com os esquemas tradicionais relacionados com a informação e com o documento, como resultado dos avanços obtidos na área das comunicações, da utilização de novos equipamentos e materiais distintos dos convencionais (o pergaminho e, principalmente, o papel), tais como: filmes, vídeos, fitas audiomagnéticas, documentos informáticos etc.

Ao arquivista, como profissional, cabe a obrigação de conservar, administrar e difundir toda e qualquer informação, independentemente de suas características físicas.

Sua responsabilidade pode ser considerada ainda maior em face dos riscos de perda das informações em virtude da fragilidade dos novos suportes, da falta de padronização de equipamentos que permitam a recuperação das informações no futuro e, sobretudo, do desconhecimento por parte daqueles que criam esses novos documentos do valor que os mesmos representam para a história e o funcionamento das organizações.

A partir dos anos 80, a explosão do uso de microcomputadores em todas as suas versões e aplicações, das mais simples, como a edição de textos, até as mais complexas, vem-se constituindo no mais fantástico de todos os instrumentos facilitadores do armazenamento, tratamento e recuperação de informações. Em contrapartida, se inadequadamente utilizados, poderão ser responsáveis pelo desaparecimento de registros e, conseqüentemente, colocar em risco a integridade dos acervos arquivísticos.

Entre as mais recentes tecnologias produzidas no mundo encantado da informática podemos mencionar: o tratamento digital de imagens, seu armazenamento em disco óptico, que possibilita não só sua rápida recuperação, como sua visualização em vídeo ou ainda sua impressão em papel, muitas vezes com qualidade superior aos originais; as técnicas de fluxo de trabalho (*workflow*), que, através de *software* adequado, criam uma auto-estrada eletrônica, onde as imagens dos documentos trafegam veloz e automaticamente entre as estações de trabalho; a multimídia, que possibilita a combinação de sons, textos e imagens, em movimento ou não, oferecendo recursos cada vez maiores na área da informação, com reflexos imprevisíveis para o futuro da humanidade.

É preciso, porém, lembrar que tais avanços tecnológicos, ao lado das vantagens que oferecem, apresentam alguns problemas que merecem reflexão e exigem soluções dentro de curto espaço de tempo, a saber: falta de respaldo legal, no Brasil, que assegure o valor probatório dos registros contidos em suportes informáticos; baixa durabilidade dos materiais empregados, tornando necessária a transferência periódica das informações para outros suportes; obsolescência, em prazos de quatro a cinco anos, dos equipamentos necessários à leitura das informações armazenadas; falta de padronização na fabricação de equipamentos e suportes, limitando ou mesmo inviabilizando a interação dos recursos materiais disponíveis e, finalmente, os altos custos de conservação e manutenção física de acervos informáticos.

Entretanto, o trabalho nos arquivos deve ser desenvolvido sem preconceitos, e os arquivistas devem estar preparados profissionalmente para utilizar todos os meios disponíveis para se obter, rapidamente, informações confiáveis, precisas e completas.

As mudanças continuarão ocorrendo e sempre com grande velocidade, o que nos impede de profetizar sobre o futuro.

Se o século XIX caracterizou-se pela revolução industrial, o século XX será, com certeza, lembrado como o portal de entrada na era da revolução da informação.

## Capítulo 8
# A Política Nacional de Arquivos
## Conselho Nacional de Arquivos
## Sistema Nacional de Arquivos

Após três décadas de tentativas para dotar o Brasil de uma lei de arquivos, foi finalmente promulgada, em 8 de janeiro de 1991, a Lei nº 8.159, que dispõe sobre a política nacional de arquivos públicos e privados, cabendo ao Conselho Nacional de Arquivos (Conarq), órgão vinculado ao Arquivo Nacional, definir essa política como órgão central do Sistema Nacional de Arquivos (Sinar), ambos criados por força de seu artigo 26 e regulamentados pelos decretos nºs 1.173, de 29 de junho de 1994, e 1.461, de 25 de abril de 1995.

A criação do Conarq constituiu, sem dúvida, um grande passo para o estabelecimento de uma eficiente rede de arquivos públicos e privados, que possibilitará o aperfeiçoamento das instituições, a simplificação e a racionalização de procedimentos, a redução dos custos de manutenção da burocracia administrativa, o melhor aproveitamento dos recursos humanos e materiais, o desenvolvimento de programas participativos e, sobretudo, a adoção de um comportamento ético na gerência da coisa pública, em decorrência do acesso democrático às informações por parte dos cidadãos.

Dentre as competências do Conarq, destacam-se as seguintes:

- definir normas gerais e estabelecer diretrizes para o pleno funcionamento do *Sistema Nacional de Arquivos (Sinar)*, visando à gestão, à preservação e ao acesso aos documentos de arquivo;
- promover o inter-relacionamento de arquivos públicos e privados, com vistas ao intercâmbio e à integração sistêmica das atividades arquivísticas;

- zelar pelo cumprimento dos dispositivos constitucionais e legais que norteiem o funcionamento e o acesso aos arquivos públicos;
- estimular programas de gestão e de preservação de documentos produzidos e recebidos por órgãos e entidades, nos âmbitos federal, estadual e municipal, em decorrência das funções executiva, legislativa e judiciária;
- subsidiar a elaboração de planos nacionais de desenvolvimento, sugerindo metas e prioridades da política nacional de arquivos públicos e privados;
- estimulár a implantação de sistemas de arquivos nos poderes Legislativo e Judiciário, bem como nos estados, no Distrito Federal e nos municípios;
- declarar como de interesse público e social os arquivos privados que contenham fontes relevantes para a história e o desenvolvimento nacionais, nos termos do art. 13 da Lei nº 8.159/91.

Em razão das funções normativas atribuídas ao Conselho, a sua representatividade está assegurada não apenas na esfera governamental, como também entre diversos segmentos da sociedade civil. Presidido pelo diretor-geral do Arquivo Nacional, o Conarq constitui-se de 16 membros conselheiros, representantes do Poder Executivo Federal, do Poder Judiciário Federal, do Poder Legislativo Federal, do Arquivo Nacional, das universidades mantenedoras de cursos de arquivologia, dos arquivos públicos estaduais e municipais, da Associação dos Arquivistas Brasileiros e de instituições não-governamentais que atuem nas áreas de ensino, pesquisa, preservação e/ou acesso a fontes documentais.

Sua composição, portanto, espelha a convergência de interesses do Estado e da sociedade, de modo a compatibilizar as questões inerentes à responsabilidade do poder público perante a preservação do patrimônio arquivístico brasileiro e o direito dos cidadãos às informações.

Para melhor funcionamento do Conarq e maior agilidade na operacionalização do Sinar, foi prevista a criação de câmaras técnicas e de comissões especiais com a incumbência de elaborar estudos e normas necessárias à implementação da política nacional de arquivos públicos e privados, cabendo ao Arquivo Nacional dar suporte técnico e administrativo ao Conselho.

O Decreto nº 1.173, de 29 de junho de 1994, que "dispõe sobre a competência e o funcionamento do Conselho Nacional de Arquivo (Conarq) e do Sistema Nacional de Arquivos (Sinar)", estabelece, em seu artigo 12, como membros natos do sistema, os arquivos federais dos poderes Executivo, Legislativo e Judiciário e os arquivos estaduais e municipais dos poderes Executivo, Legislativo e Judiciário, tendo como órgão central o Conarq. Prevê também que os arquivos privados institucionais e de particulares podem aderir ao sistema mediante convênio com o órgão central.

Compete aos integrantes do sistema:

- promover a gestão, a preservação e o acesso às informações e aos documentos na sua esfera de competência, em conformidade com as diretrizes e normas emanadas do órgão central;
- disseminar, em sua área de atuação, as diretrizes e normas estabelecidas pelo órgão central, zelando pelo seu cumprimento;
- implementar a racionalização das atividades arquivísticas, de forma a garantir a integridade do ciclo documental;
- garantir a guarda e o acesso aos documentos de valor permanente;
- apresentar sugestões ao órgão central para o aprimoramento do sistema;
- prestar informações sobre suas atividades ao órgão central;
- apresentar subsídios ao órgão central para a elaboração dos dispositivos legais necessários ao aperfeiçoamento e à implementação da política nacional de arquivos públicos e privados;
- promover a integração e a modernização dos arquivos em sua esfera de atuação;
- propor ao órgão central os arquivos privados que possam ser considerados de interesse público e social;
- comunicar ao órgão central, para as devidas providências, atos lesivos ao patrimônio arquivístico nacional;
- colaborar na elaboração de cadastro nacional de arquivos públicos e privados, bem como no desenvolvimento de atividades censitárias referentes a arquivos;
- possibilitar a participação de especialistas nas câmaras técnicas e comissões especiais constituídas pelo Conarq;
- proporcionar aperfeiçoamento e reciclagem aos técnicos da área de arquivo, garantindo constante atualização.

Os integrantes do sistema, cabe ressalvar, seguirão as diretrizes e normas emanadas do órgão central, sem prejuízo de suas subordinações ou vinculações administrativas.

## Anexo 1
# Exercícios*

1 Alfabético
2 Geográfico
3 Numérico simples
4 Dígito-terminal
5 Dicionário
6 Enciclopédico
7 Duplex e decimal
8 e 9 Decimal
10 Numérico cronológico
11 Alfanumérico
12 Variadex

## 1. MÉTODO ALFABÉTICO

Ordene alfabeticamente, dentro de cada grupo, os nomes dados a seguir:

( ) Amilcar Teixeira
( ) João Barbosa
( ) Alfredo Barbosa
( ) A. Barbosa
( ) Amilcar Teixeira Filho

---

* As respostas encontram-se no anexo 2.

(   )   Maria Angelica Velasques
(   )   Antonio Jardim Valério
(   )   Luiz José de Oliveira
(   )   Maria Angela Velasques
(   )   Cidália Boaventura

(   )   J. C. Arantes & Cia.
(   )   Junta de Conciliação Trabalhista
(   )   Associação Comercial de São Paulo
(   )   Associated Press
(   )   Associação dos Arquivistas Brasileiros

(   )   Margaret O'Brien
(   )   John Mac Luan
(   )   Sir Laurence Olivier
(   )   Marie Du Pont
(   )   Nair von Uslar

(   )   5º Congresso Brasileiro de Arquivologia
(   )   4º Congresso Internacional de Arquivos
(   )   1º Congresso de Arquivos e Bibliotecas
(   )   1ª Conferência de Arquivos e Bibliotecas
(   )   3º Congresso Nacional de Arquivistas

2. MÉTODO GEOGRÁFICO

a) Organize um arquivo geográfico pelos estados.

(   )   Amazonas – Manaus – Magalhães & Cia.
(   )   Alagoas – Maceió – Lúcia Miguel Pereira
(   )   Piauí – Teresina – J. Teixeira Leite
(   )   Pernambuco – Recife – M. Marins & Cia.
(   )   Pernambuco – Olinda – Marins Sociedade Anônima
(   )   Paraná – Curitiba – Francisco Rizental
(   )   Paraná – Curitiba – Robert Prochet
(   )   Minas Gerais – Sabará – Hugo Mariz de Figueiredo
(   )   Minas Gerais – Belo Horizonte – Volf Rotholz
(   )   Rio Grande do Norte – Natal – João Galvão de Medeiros

b) Organize um fichário geográfico pelas cidades.

( ) Salvador — Bahia — Camilo Fortes
( ) Ilhéus — Bahia — Antonio Feitosa
( ) Salvador — Bahia — Marta Campos
( ) Itabuna — Bahia — Marita Campos
( ) Jequié — Bahia — Roberto Falcão Fortes
( ) Itabuna — Bahia — Alberto Falcão Fortes
( ) Ilhéus — Bahia — Jorge Freitas
( ) Salvador — Bahia — Maria Campos
( ) Itabuna — Bahia — Aimoré & Cia. Ltda.
( ) Jequié — Bahia — Roberto Antunes Fortes

3. MÉTODO NUMÉRICO SIMPLES

a) Organize o arquivo, considerando que as pastas *miscelânea* deverão conter, no máximo, três correspondentes, e cada um deles com até cinco cartas.

b) Elabore o índice alfabético remissivo.

( ) Jorge Monteiro — 10 cartas
( ) Paulo Ribeiro — 5 cartas
( ) Armando Alves & Companhia — 6 cartas
( ) Rogério Bragança — 10 cartas
( ) Sociedade Brasileira de Ensino — 2 cartas
( ) Antônio de Moraes Sobrinho — 11 cartas
( ) Carmen Del Rio — 4 cartas
( ) Sydnei Dantas — 7 cartas
( ) Guilherme Torres — 7 cartas
( ) Nicolau Gomes — 9 cartas
( ) Alberto Leão — 1 carta
( ) Centro Brasileiro de Pesquisas Físicas — 10 cartas
( ) Brito Alves & Cia. — 20 cartas
( ) José Alves Bretas — 50 cartas
( ) Raimundo Corrêa — 28 cartas
( ) Paulo A. C. de Carvalho — 35 cartas
( ) Helena Hughs — 15 cartas
( ) Ricardo Esteves — 5 cartas
( ) João de Faria — 2 cartas

( ) Imobiliária Panorama S.A. — 12 cartas
( ) Cléa Lindenberg — 8 cartas
( ) Casemiro Montmor — 4 cartas
( ) Luiz Martins — 10 cartas
( ) Paul di Franco — 17 cartas
( ) Aldo Diegues — 3 cartas
( ) Paulo Barreto Filho — 7 cartas
( ) Antônio Lourenço Neto — 12 cartas

## 4. DÍGITO-TERMINAL

a) Ordene os dossiês dos correspondentes a seguir, obedecendo a numeração que lhes foi atribuída segundo o método dígito-terminal.

| | |
|---|---|
| 001.299 | Angela de F. Rotholz |
| 032.699 | Vera Lucia Machado |
| 129.129 | Nilza Maria Lobo |
| 159.544 | Lia Temporal Malcher |
| 305.218 | Lectícia dos Santos |
| 306.818 | Fernando Silva Alves |
| 483.920 | Lourdes Costa e Souza |
| 588.029 | Helena Corrêa Machado |
| 784.020 | Maria Amélia Gomes Leite |
| 984.120 | Regina Alves Vieira |

b) Organize um índice alfabético remissivo desses correspondentes.

## 5. MÉTODO DICIONÁRIO

Organize os assuntos a seguir em ordem dicionária.

Treinamento de pessoal
Aperfeiçoamento de pessoal
Assistência técnica
Material permanente
Aquisição de material de consumo
Previdência e assistência social
Recrutamento de pessoal
Quadros e tabelas de pessoal
Relações públicas

Publicidade
Exposições
Relatórios
Correspondência particular do diretor
Estatutos
Assembléia Geral
Conselho Diretor
Outros assuntos
Férias
Pagamentos
Salário-família
Assistência psicológica
Conservação e recuperação
Inventários
Operações bancárias
Patrimônio
Comunicações

6. MÉTODO ENCICLOPÉDICO

Organize um esquema de assuntos, em ordem enciclopédica, adotando como classes principais: Organização, Pessoal, Orçamento, Material, Comunicações e Patrimônio.

Prédios e salas
Regulamentos
Organogramas
Admissão
Aluguel de salas
Receita
Correios
Condomínio
Telex
Gratificações de funções
Aquisição de material
Limpeza e conservação de prédios
Salários
Baixas de material
Mudanças

Concorrências
Licitações
Casas de empregados
Recrutamento de pessoal
Terrenos
Despesa
Dispensa de pessoal
Telégrafos
Férias
Gratificações por tempo de serviço
Rádio
Previdência social
Licenças
Satélite

## 7. MÉTODOS DUPLEX E DECIMAL

Codifique os assuntos a seguir pelos métodos duplex e decimal a partir da classe 3.

| Duplex | Decimal | |
|---|---|---|
| | | PUBLICAÇÕES |
| | |     Permuta de publicações |
| | |     Exposições e feiras de livros |
| | |     Postos de vendas. Representantes |
| | |         No país |
| | |         No estrangeiro |
| | |     Direitos autorais |
| | | ENSINO |
| | |     Cursos |
| | |         Recrutamento |
| | |         Alunos |
| | |         Matrículas |
| | |             Trancamento |
| | |             Taxas. Anuidades. Mensalidades |
| | |     Bolsas de estudos |
| | | ASSISTÊNCIA TÉCNICA |
| | |     Intercâmbio cultural |
| | |     Acordos. Convênios |

EXERCÍCIOS                                                          171

    Duplex  |  Decimal  |
            |           |  SOLENIDADES, EVENTOS DIVERSOS
            |           |     Congressos
            |           |     Aulas inaugurais. Discursos
            |           |     Visitas, visitantes

8. MÉTODO DECIMAL

a) Organize um esquema de assuntos a partir do número da classificação.

| | |
|---|---|
| Adiantamento de crédito | 262 |
| Antigüidade | 012.1 |
| Aposentadoria | 017 |
| Aproveitamento de funcionário | 016 |
| Arquivos | 114 |
| Auxílios diversos | 242 |
| Borracha | 123 |
| Cadeiras | 112 |
| Contratados | 021 |
| Créditos | 260 |
| Créditos adicionais | 261 |
| Despesa | 250 |
| Diarista | 023 |
| Elaboração do orçamento | 210 |
| Extranumerário | 020 |
| Fitas de máquina | 124 |
| Funcionário | 010 |
| Gratificações | 019 |
| Lápis | 122 |
| Licença-prêmio | 018.2 |
| Licença para tratamento de saúde | 018.1 |
| Licenças | 018 |
| Máquinas | 113 |
| Máquinas de calcular | 113.2 |
| Máquinas de escrever | 113.1 |
| Material | 100 |
| Material de consumo | 120 |

| | |
|---|---|
| Material permanente | 110 |
| Mensalista | 022 |
| Merecimento | 012.2 |
| Mesas | 111 |
| Nomeação | 011 |
| Nomeação em comissão | 011.3 |
| Nomeação efetiva | 011.2 |
| Nomeação interina | 011.1 |
| Orçamento | 200 |
| Papel | 121 |
| Pessoal | 000 |
| Promoção | 012 |
| Readmissão | 015 |
| Receita | 240 |
| Reintegração de funcionário | 014 |
| Sanção do orçamento | 230 |
| Subvenções | 241 |
| Tarefeiros | 024 |
| Transferência *ex-officio* | 013.1 |
| Transferência de funcionário | 013 |
| Transferência a pedido | 013.2 |
| Votação do orçamento | 220 |

b) Classifique os assuntos a seguir pelo esquema que você acabou de organizar.

1. Contratação de tarefeiro
2. Pedido de transferência para outro departamento
3. Solicitação de pagamento em espécie relativo à licença-prêmio
4. Nomeação de funcionários para cargo em comissão
5. Encaminhamento de boletim de merecimento para fins de promoção
6. Convocação de reunião para aprovar orçamento anual da instituição
7. Pedido de subvenção à Seplan
8. Licitação para compra de máquinas de escrever
9. Controle de estoque de papel
10. Solicitação de abertura de crédito especial para implantar Serviço de Microfilmagem

EXERCÍCIOS                                                              173

## 9. MÉTODO DECIMAL

a) Organize um esquema de assuntos e numere pelo método decimal, utilizando os títulos a seguir.

Concursos de monografias
Solenidades. Comemorações
Inventários de material
Proposta orçamentária
Comunicações de posse
ASSUNTOS DIVERSOS
Permuta de livros
Sistemas (processamento de dados)
Suplementação de verbas
Publicações (livros, periódicos etc.)
Documentação de sistemas
Estágios em órgãos especializados
Acordos. Convênios de assistência técnica
RECURSOS HUMANOS
Imóveis
Compra de livros
Impressão de obras institucionais
ASSISTÊNCIA TÉCNICA
Avaliação de custos de sistemas
ASSUNTOS FINANCEIROS E CONTÁBEIS
Aluguel de edifícios
Visitas. Visitantes
Terrenos
Aquisição de material permanente
Regimentos. Regulamentos
Requisição de funcionários
Folhas de pagamento
Seleção de pessoal
COMUNICAÇÕES
Aquisição de material de consumo
ORGANIZAÇÃO
Grupos de trabalho

Prestação de serviços de processamento de dados por terceiros
Pagamento de pessoal
Pedidos de donativos e auxílios diversos
Gratificações a pessoal
Pedidos diversos de assistência técnica
Relatórios
Serviço telefônico
Aperfeiçoamento de pessoal
Comissões
Aquisição de edifícios
Utilização de programas no computador
Recrutamento de pessoal
Planos e roteiros de trabalho
Impressão de periódicos
Colaboração com outras instituições
Admissão
Doação de livros
Congressos. Conferências. Seminários
INFORMÁTICA
Automação. Processamento de dados
Concursos e provas
Métodos de trabalho
Telex
Subvenções e auxílios
Conservação. Recuperação de material
PATRIMÔNIO
Prestação de serviços de processamento de dados a terceiros
MATERIAL
Orçamento
Correios e Telégrafos
Cessão de funcionários para participar de trabalhos técnicos em outras instituições

b) Organize um índice alfabético remissivo.

c) Classifique e codifique os assuntos a seguir pelo esquema de classificação que você acabou de organizar.

EXERCÍCIOS 175

1. Restituição de processo referente à requisição de José Valentim da Rocha Júnior
2. Informações sobre a realização do Seminário Universidade/Administração Pública
3. Pedidos de colaboração de um arquivista, pelo período de um mês, para organizar os arquivos de uma instituição congênere
4. Comunicação da posse do sr. José Augusto Gomes da Silva no cargo de diretor do Museu Histórico
5. Estudos sobre o regimento da instituição
6. Criação de Comissão de Análise de Documentos
7. Importação de equipamentos de telex
8. Convocação para concurso de calculista
9. Estudos de viabilidade econômica referentes à compra de prédio para instalação dos escritórios da firma
10. Assinatura de revista técnica
11. Solicitação de estágio
12. Pagamento de jeton por participação em reuniões do Conselho
13. Convite para solenidade de fim de ano
14. Regulamento de concurso de monografias
15. Recomendações do 5º Congresso Brasileiro de Arquivologia
16. Pedido de autorização para que uma turma de alunos visite o Arquivo
17. Manuais de programas e de sistemas
18. Impressão dos estatutos da instituição
19. Contas de telefone
20. Pedido de R$5.000,00 para ajudar campanha de Natal

10. MÉTODO CRONOLÓGICO

Protocole a correspondência anexa, adotando os modelos das fichas constantes das páginas 57, 58 e 59, figuras 10, 11 e 12, e classificando os assuntos de acordo com o esquema correspondente ao exercício número 9, página 190, que você organizou:

a) Correspondência nª 1

**DELEGACIA DO MINISTÉRIO DA FAZENDA**
SERVIÇO DE INATIVOS E PENSIONISTAS MILITARES

DMF/SIP/8.948

São Paulo, 19 de maio de 1983

| CARIMBO DE PROTOCOLO |
|---|
| Secretaria de Administração |
| Nº 790 |
| Data: 21/5/83 |
| Código: 150 |
| Destino: Dep. Pessoal |

Senhor Chefe

Restituo a V. Sª o processo anexo, nº 9.720/43, referente à requisição de José Valentim da Rocha Júnior, tendo em vista não ser mais necessário a este serviço.

Aproveito a oportunidade para renovar a V. Sª os protestos de estima e consideração.

(ass.) Therezinha Bastos Alkmin
Subst. do chefe SIP

Ilmo. Sr.
Chefe do Departamento de Pessoal
da Secretaria de Administração do Estado de São Paulo

b) Correspondência nª 2

**INSTITUTO BRASILEIRO DE ADMINISTRAÇÃO**

CENTE-C-476/83

Rio de Janeiro, 26 de junho de 1983

| CARIMBO DE PROTOCOLO |
| --- |
| Secretaria de Administração<br>Nº 1.979<br>Data: 29/6/83<br>Código: 920<br>Destino: DEP |

Ilmo. Sr.
José Barbosa Neves
Departamento de Estudos e Planejamento da Secretaria de Administração
do Estado de São Paulo
Av. 9 de Julho, 239, 12º andar
São Paulo – SP

Prezado Senhor

Lamentando o não-comparecimento de um representante da Secretaria de Administração no *Seminário Universidade/Administração Pública*, realizado na USP, no período de 15 a 20 de junho de 1983, sob os auspícios do IBA, temos o prazer de remeter, em anexo, as conclusões do evento.

Aproveitamos a oportunidade para expressar-lhe os nossos protestos de apreço e admiração.

Atenciosamente,

Affonso Campos
Diretor Executivo

c) Correspondência nº 3

**DELEGACIA DO MINISTÉRIO DA FAZENDA**
DEPARTAMENTO DE DOCUMENTAÇÃO

DMF/DpD/15.435

São Paulo, 28 de agosto de 1983

| CARIMBO DE PROTOCOLO |
|---|
| Secretaria de Administração<br>Nº 3.568<br>Data: 31/8/83<br>Código: 813<br>Destino: DpD |

Senhor Chefe

    Tenho a honra de me dirigir a V. Sª para solicitar a cooperação técnica dessa Secretaria à Delegacia do Ministério da Fazenda.

    Muito contribuiria para a melhor organização de nossos arquivos a colaboração de uma arquivista pelo período de um mês.

    Agradecendo desde já a atenção dispensada ao presente pedido, aproveito a oportunidade para reiterar a V. Sª os protestos de minha alta consideração.

                                  Crésio Mendonça
                      Chefe do Departamento de Documentação

Ilmo. Sr.
Jacques Jones Netto
Chefe do Departamento de Documentação
da Secretaria de Administração do Estado de São Paulo

d) Correspondência nª 4

**MUSEU HISTÓRICO NACIONAL**

Of. nº 971

Rio de Janeiro, 31 de agosto de 1983

| CARIMBO DE PROTOCOLO |
|---|
| Secretaria de Administração<br>Nº 4.028<br>Data: 4/9/83<br>Código: 940<br>Destino: SA |

Do: Diretor do Museu Histórico Nacional
Ao: Secretário de Administração do Estado de São Paulo

Senhor Secretário

    Tenho a honra de comunicar a V. Sª que, em data de 19 do corrente, assumi o cargo de diretor do Museu Histórico Nacional, anteriormente exercido pelo acadêmico Ricardo Arruda.
    Esperando continuar a merecer por parte de V. Sª o mesmo apoio e cooperação com que sempre foi distinguido o meu antecessor, desejo informar que esta instituição não poupará esforços para contribuir com sua cooperação em todos os setores que lhe dizem respeito, podendo V. Sª contar com esta casa incondicionalmente dentro da sua condição de museu.

Atenciosamente,

José Augusto Gomes da Silva
Diretor

e) Correspondência nª 5

**UNIVERSIDADE FEDERAL DE SANTA MARIA**
PRÓ-REITORIA DE EXTENSÃO UNIVERSITÁRIA
Of. nº 900/83

Santa Maria, 5 de outubro de 1983

| CARIMBO DE PROTOCOLO |
| --- |
| Secretaria de Administração
Nº 5.829
Data: 9/10/83
Código: 920
Destino: DpD |

Senhor Chefe

    Imensamente gratos pela atenção, sentido cooperador e de discernida visão em apoio a esta Universidade, queremos agradecer ter-nos permitido realizar com as profªs Ignez Felipe e Elizabeth Baptista de Oliveira o nosso *Seminário de Arquivo*.
    A capacidade das ministrantes e o inusitado interesse despertado nesta instituição serviram para que possamos incrementar as atividades propostas.
    Aproveito e apresento o mais elevado conceito de estima e consideração.

Atenciosamente,

Kleber Altivo Machado
Pró-Reitor de Extensão Universitária

Ilmo. Sr.
Jacques Jones Netto
Chefe do Departamento de Documentação
da Secretaria de Administração do Estado de São Paulo

EXERCÍCIOS 181

## 11. MÉTODO VARIADEX

a) Codifique os nomes a seguir, de acordo com a chave de cores da página 92

b) Ordene esses nomes:

Ana Lúcia Gomes de Castilhos
Andréa Botelho Lopes Coimbra
Angela Nascimento dos Santos
Beatriz Pedroza Aguinaga
C. Catram & Cia. Ltda.
Claudia Maria de Andrade Leopoldina
Elizabeth Trisuzzi Costa
Janete Hideko Hagiwara
Marcia Rodrigues Loureiro
Maria da Glória Arantes Kopke
Maria Helena Costa Pereira de Lyra
Maria Lemos Barbosa Teixeira
Maria Ignez Ferreira Jaeger
Maria Rita de Carvalho
Moysés Cohen
Paulo Roberto Elian dos Santos
Regina da Luz Moreira
Rogério Machado Riscado
Rosimary Cabral da Silva
Sonia Maria da Rocha Abreu
Virgínia Maria Spinelli Hottz
Zilda Rodrigues de Souza

## 12. MÉTODO ALFANUMÉRICO

a) Codifique os nomes a seguir, pelo método alfanumérico, de acordo com a chave das páginas 94-5:

b) Ordene esses nomes:

Álvaro Pinto da Silva
Áurea Parente da Fonseca
Beatriz Aparecida Boselli Braga
Denir Léa do Patrocínio
Edelweiss Carvalho Bernates

Erilza Galvão dos Santos
Ivani Beltrami de Faria
Maria Alice de Azevedo Andrade
Maria de Fátima Sánchez Alvarez
Maria de Fátima Vieira Lopes
Maria Isabel Rodrigues Pequeno
Maria Leonilda Bernardo da Silva
Maria Thereza Chermont de M. Vaz
Maria Schaetzle Braga
Marise Maleck de O. Cabral
Marlene da Costa Barros
Rejane Araujo Benning
Solange Loureiro Teixeira
Sonia Maria Martins
Valéria Faria de Oliveira
Vera Lúcia Ferreira Bellardi

# ANEXO 2
# RESPOSTAS

## 1. MÉTODO ALFABÉTICO

*1º grupo:* 4, 3, 2, 1, 5

Barbosa, A.
Barbosa, Alfredo
Barbosa, João
Teixeira, Amilcar
Teixeira Filho, Amilcar

*2º grupo:* 5, 3, 2, 4, 1

Boaventura, Cidália
Oliveira, Luiz José de
Valério, Antonio Jardim
Velasques, Maria Angela
Velasques, Maria Angelica

*3º grupo:* 4, 5, 2, 3, 1

Associação dos Arquivistas Brasileiros
Associação Comercial de São Paulo
Associated Press
J. C. Arantes & Cia.
Junta de Conciliação Trabalhista

*4º grupo:* 3, 2, 4, 1, 5

Du Pont, Marie
Mac Luan, John
O'Brien, Margaret
Olivier, Laurence (sir)
Uslar, Nair Von

*5º grupo:* 3, 4, 2, 1, 5

Conferência de Arquivos e Bibliotecas (1ª)
Congresso de Arquivos e Bibliotecas (1º)
Congresso Brasileiro de Arquivologia (5º)
Congresso Internacional de Arquivos (4º)
Congresso Nacional de Arquivistas (3º)

2. MÉTODO GEOGRÁFICO

a) Arquivo geográfico pelos estados: 2, 1, 9, 7, 8, 6, 5, 4, 3, 10

Alagoas — Maceió — Pereira, Lúcia Miguel
Amazonas — Manaus — Magalhães & Cia.
Minas Gerais — Belo Horizonte — Rotholz, Volf
Minas Gerais — Sabará — Figueiredo, Hugo Mariz de
Paraná — Curitiba — Prochet, Robert
Paraná — Curitiba — Rizental, Francisco
Pernambuco — Recife — M. Marins & Cia.
Pernambuco — Olinda — Marins Sociedade Anônima
Piauí — Teresina — Leite, J. Teixeira
Rio Grande do Norte — Natal — Medeiros, João Galvão de

b) Arquivo geográfico pelas cidades: 10, 1, 9, 4, 7, 5, 2, 8, 3, 6

Ilhéus — Bahia — Feitosa, Antonio
Ilhéus — Bahia — Freitas, Jorge
Itabuna — Bahia — Aimoré & Cia. Ltda.
Itabuna — Bahia — Campos, Marita
Itabuna — Bahia — Fortes, Alberto Falcão
Jequié — Bahia — Fortes, Roberto Antunes
Jequié — Bahia — Fortes, Roberto Falcão

Salvador — Bahia — Campos, Maria
Salvador — Bahia — Campos, Marta
Salvador — Bahia — Fortes, Camilo

## 3. MÉTODO NUMÉRICO SIMPLES

a) *Organização do arquivo* (atribuição de números aos correspondentes): 1, 2, 3, 4, M-1, 5, M-1, 6, 7, 8, M-1, 9, 10, 11, 12, 13, 14, 15, M-2, 16, 17, M-2, 18, 19, M-2, 20, 21.

b) Índice alfabético remissivo:

Armando Alves & Companhia — 3
Barreto Filho, Paulo — 20
Bragança, Rogério — 4
Bretas, José Alves — 11
Brito, Alves & Companhia — 10
Carvalho, Paulo A. C. — 13
Centro Brasileiro de Pesquisas Físicas — 9
Corrêa, Raimundo — 12
Dantas, Sydnei — 6
Del Rio, Carmen — M-1
Diegues, Aldo — M-2
Esteves, Ricardo — 15
Faria, João de — M-2
Franco, Paul di — 19
Gomes, Nicolau — 8
Hughs, Helena — 14
Imobiliária Panorama S/A — 16
Leão, Alberto — M-1
Lindenberg, Cléa — 17
Lourenço Neto, Antônio — 21
Martins, Luiz — 18
Monteiro, Jorge — 1
Montmor, Casemiro — M-2
Moraes Sobrinho, Antônio de — 5
Ribeiro, Paulo — 2
Sociedade Brasileira de Ensino — M-1
Torres, Guilherme — 7

## 4. DÍGITO-TERMINAL

a) Ordenação dos dossiês:

| | |
|---|---|
| 30.52.18 | Lectícia dos Santos |
| 30.68.18 | Fernando Silva Alves |
| 48.39.20 | Lourdes Costa e Souza |
| 78.40.20 | Maria Amélia Gomes Leite |
| 98.41.20 | Regina Alves Vieira |
| 58.80.29 | Helena Corrêa Machado |
| 12.91.29 | Nilza Maria Lobo |
| 15.95.44 | Lia Temporal Malcher |
| 00.12.99 | Angela de F. Rotholz |
| 03.26.99 | Vera Lucia Machado |

b) Índice alfabético remissivo:

| | |
|---|---|
| Alves, Fernando Silva | 38.68.18 |
| Leite, Maria Amelia Gomes | 78.40.20 |
| Lobo, Nilza Maria | 12.91.29 |
| Machado, Helena Corrêa | 58.80.29 |
| Machado, Vera Lucia | 03.26.99 |
| Malcher, Lia Temporal | 15.95.44 |
| Rotholz, Angela F. | 00.12.99 |
| Santos, Lectícia dos | 30.52.18 |
| Souza, Lourdes Costa e | 48.39.20 |
| Vieira, Regina Alves | 98.41.20 |

## 5. MÉTODO DICIONÁRIO

Aperfeiçoamento de pessoal
Aquisição de material de consumo
Assembléia Geral
Assistência psicológica
Assistência técnica
Comunicações
Conselho Diretor
Conservação e recuperação
Correspondência particular do diretor
Estatutos
Exposições
Férias

Inventários
Material permanente
Operações bancárias
Outros assuntos
Pagamentos
Patrimônio
Previdência e assistência social
Publicidade
Quadros e tabelas de pessoal
Relações públicas
Relatórios
Salário-família
Treinamento de pessoal


6. MÉTODO ENCICLOPÉDICO

COMUNICAÇÕES
    Correios
    Rádio
    Satélite
    Telégrafos
    Telex
MATERIAL
    Aquisição
        Concorrências. Licitações
    Baixa
ORÇAMENTO
    Despesa
    Receita
ORGANIZAÇÃO
    Organogramas
    Regulamentos
PATRIMÔNIO
    Prédios e salas
        Aluguel
        Condomínio
        Limpeza e conservação
        Mudanças
    Terrenos

PESSOAL
    Admissão
    Casas de empregados*
    Dispensa
    Férias
    Gratificações
        de funções
        por tempo de serviço
    Licenças
    Previdência social
    Recrutamento
    Salários

## 7. MÉTODOS DUPLEX E DECIMAL

| Duplex | Decimal | |
|---|---|---|
| 3 | 300 | PUBLICAÇÕES |
| 3-1 | 310 |     Permuta de publicações |
| 3-2 | 320 |     Exposições e feiras de livros |
| 3-3 | 330 |     Postos de vendas. Representantes |
| 3-3-1 | 331 |         No país |
| 3-3-2 | 332 |         No estrangeiro |
| 3-4 | 340 |     Direitos autorais |
| 4 | 400 | ENSINO |
| 4-1 | 410 |     Cursos |
| 4-1-1 | 411 |         Recrutamento |
| 4-1-2 | 412 |         Alunos |
| 4-1-3 | 413 |         Matrículas |
| 4-1-3-1 | 413.1 |             Trancamento |
| 4-1-3-2 | 413.2 |             Taxas. Anuidades. Mensalidades |
| 4-2 | 420 |     Bolsas de estudos |
| 5 | 500 | ASSISTÊNCIA TÉCNICA |
| 5-1 | 510 |     Intercâmbio cultural |
| 5-2 | 520 |     Acordos. Convênios |
| 6 | 600 | SOLENIDADES, EVENTOS DIVERSOS |
| 6-1 | 610 |     Congressos |
| 6-2 | 620 |     Aulas inaugurais. Discursos |
| 6-3 | 630 |     Visitas, visitantes |

---

* Pode ser incluído também em PATRIMÔNIO, entre aluguel e condomínio.

## 8. MÉTODO DECIMAL

a) Organização de um esquema de assuntos a partir do número da classificação.

| | | |
|---|---|---|
| 000 | PESSOAL | |
| 010 | | Funcionário |
| 011 | | Nomeação |
| 011.1 | | Interina |
| 011.2 | | Efetiva |
| 011.3 | | Em comissão |
| 012 | | Promoção |
| 012.1 | | Antigüidade |
| 012.2 | | Merecimento |
| 013 | | Transferência |
| 013.1 | | *Ex-officio* |
| 013.2 | | A pedido |
| 014 | | Reintegração |
| 015 | | Readmissão |
| 016 | | Aproveitamento |
| 017 | | Aposentadoria |
| 018 | | Licenças |
| 018.1 | | Para tratamento de saúde |
| 018.2 | | Prêmio |
| 019 | | Gratificações |
| 020 | | Extranumerário |
| 021 | | Contratados |
| 022 | | Mensalistas |
| 023 | | Diaristas |
| 024 | | Tarefeiros |
| 100 | MATERIAL | |
| 110 | | Permanente |
| 111 | | Mesas |
| 112 | | Cadeiras |
| 113 | | Máquinas |
| 113.1 | | de escrever |
| 113.2 | | de calcular |
| 114 | | Arquivos |
| 120 | | Consumo |
| 121 | | Papel |
| 122 | | Lápis |

| | |
|---|---|
| 123 | Borracha |
| 124 | Fitas de máquina |
| 200 | ORÇAMENTO |
| 210 | Elaboração |
| 220 | Votação |
| 230 | Sanção |
| 240 | Receita |
| 241 | Subvenções |
| 242 | Auxílios diversos |
| 250 | Despesa |
| 260 | Créditos |
| 261 | Adicionais |
| 262 | Adiantamento |

b) Classificação de assuntos pelo esquema organizado.

1) 024; 2) 013.2; 3) 018.2; 4) 011.3; 5) 012.2; 6) 230; 7) 241; 8) 113.1; 9) 121; 10) 261.

## 9. MÉTODO DECIMAL

a) Organização de um esquema de assuntos e numeração pelo método decimal.

| | |
|---|---|
| 000 | ORGANIZAÇÃO |
| 010 | Regimentos. Regulamentos |
| 020 | Relatórios |
| 030 | Grupos de trabalho |
| 031 | Comissões |
| 040 | Métodos de trabalho |
| 041 | Planos e roteiros de trabalho |
| 100 | RECURSOS HUMANOS |
| 110 | Recrutamento |
| 120 | Seleção |
| 121 | Concursos e provas |
| 130 | Aperfeiçoamento |
| 140 | Admissão |
| 150 | Requisição de funcionários |
| 160 | Pagamentos |
| 161 | Folhas de pagamento |
| 162 | Gratificações |
| 200 | MATERIAL |
| 210 | Aquisição |

| | |
|---|---|
| 211 | Consumo |
| 212 | Permanente |
| 220 | Conservação. Recuperação |
| 230 | Inventários |
| 300 | ASSUNTOS FINANCEIROS E CONTÁBEIS |
| 310 | Orçamento |
| 311 | Propostas orçamentárias |
| 320 | Subvenções e auxílios |
| 330 | Suplementação de verbas |
| 400 | PATRIMÔNIO |
| 410 | Imóveis |
| 411 | Edifícios |
| 411.1 | Aquisição |
| 411.2 | Aluguel |
| 412 | Terrenos |
| 500 | COMUNICAÇÕES |
| 510 | Correios e Telégrafos |
| 520 | Telex |
| 530 | Serviço telefônico |
| 600 | INFORMÁTICA |
| 610 | Automação. Processamento de dados |
| 611 | Sistemas |
| 611.1 | Avaliação de custos |
| 611.2 | Documentação de sistemas |
| 612 | Utilização de programas |
| 613 | Prestação de serviços |
| 613.1 | A terceiros |
| 613.2 | Por terceiros |
| 700 | PUBLICAÇÕES |
| 710 | Aquisição de livros, periódicos etc. |
| 711 | Compra |
| 712 | Doação |
| 713 | Permuta |
| 720 | Impressão de publicações |
| 721 | Obras institucionais |
| 722 | Periódicos |
| 723 | Monografias |
| 723.1 | Concursos |
| 800 | ASSISTÊNCIA TÉCNICA |
| 810 | Colaboração com outras instituições |

| | |
|---|---|
| 811 | Pedidos diversos de assistência |
| 812 | Estágios em órgãos especializados |
| 813 | Cessão de funcionários para participar de trabalhos técnicos em outras instituições |
| 820 | Acordos. Convênios |
| 900 | ASSUNTOS DIVERSOS |
| 910 | Solenidades. Comemorações |
| 920 | Congressos. Conferências. Seminários |
| 930 | Visitas. Visitantes |
| 940 | Comunicações de posse |
| 950 | Pedidos de donativos e auxílios diversos |

b) Índice alfabético remissivo.

Acordos. Convênios   820
Admissão de pessoal   140
Aluguel de edifícios   411.2
Aperfeiçoamento de pessoal   130
Aquisição
      de edifícios   411.1
      de livros, periódicos etc.   710
      de material de consumo   211
      de material permanente   212
Assinaturas de periódicos   711
Assistência técnica   800
      Acordos. Convênios   820
      Cessão de funcionários   813
      Colaboração com outras instituições   810
Assuntos diversos   900
      Comunicações de posse   940
      Congressos. Conferências. Seminários   920
      Pedidos de donativos e auxílios diversos   950
      Solenidades. Comemorações   910
      Visitas. Visitantes   930
Assuntos financeiros e contábeis   300
Automação. Processamento de dados   610
      Prestação de serviços   613
      Sistemas   611
      Utilização de programas   612
Auxílios diversos   950

RESPOSTAS

Avaliação de custos de sistemas    611.1
Cessão de funcionários para participar de trabalhos técnicos em outras
    instituições...    813
Colaboração com outras instituições    810
        Cessão de funcionários...    813
        Estágios em órgãos especializados    812
        Pedidos diversos de assistência...    811
Comemorações    910
Comissões    031
Compra *ver* Aquisição
Comunicações    500
        Correios e Telégrafos    510
        Serviço telefônico    530
        Telex    520
Comunicações de posse    940
Concursos e provas
        de monografias    723.1
        de seleção de pessoal    121
Conferências    920
Congressos. Conferências. Seminários    920
Conservação. Recuperação de material    220
Convênios    820
Correios e Telégrafos    510
Doação de livros    712
Documentação de sistemas    611.2
Donativos diversos    950
Edifícios    411
        Aluguel    411.2
        Aquisição    411.1
Estágios em órgãos especializados    812
Folhas de pagamento    161
Gratificações a pessoal    162
Grupos de trabalho    030
Imóveis    410
        Edifícios    411
        Terrenos    412
Impressão
        de monografias    723
        de obras institucionais    721
        de periódicos    722

Informática    600
    Automação. Processamento de dados
Inventário de material    230
Jetons    162
Livros
    Compra    711
    Doação    712
    Impressão    720
    Permuta    713
Material    200
    Aquisição    210
    Conservação. Recuperação    220
    Inventários    230
Métodos de trabalho    040
Monografias
    Concursos    723.1
    Impressão    723
Obras institucionais    721
Orçamento    310
    Propostas orçamentárias    311
Organização    000
Pagamento de pessoal    160
    Folhas de pagamento    161
    Gratificações    162
Patrimônio    400
    Imóveis    410
Pedidos diversos de assistência técnica    811
Pedidos de donativos e auxílios diversos    950
Periódicos    722
Permuta de livros    713
Pessoal    100
Planos e roteiros de trabalho    041
Prestação de serviços de processamento de dados    613
    a terceiros    613.1
    por terceiros    613.2
Processamento de dados    610
    Prestação de serviços    613
    Sistemas    611
    Utilização de programas    612
Programas (utilização)    612

Proposta orçamentária 311
Provas de seleção de pessoal 121
Publicações 700
    Aquisição 710
    Impressão 722
Recrutamento de pessoal 110
Recuperação de material 220
Recursos humanos 100
    Admissão 140
    Aperfeiçoamento 130
    Pagamentos 160
    Recrutamento 110
    Requisição de funcionários 150
    Seleção 120
Regimentos. Regulamentos 010
Relatórios 020
Requisição de funcionários 150
Roteiros de trabalho 041
Seleção de pessoal 120
    Concursos e provas 121
Seminários 920
Serviço telefônico 530
Sistemas (processamento de dados) 611
    Avaliação de custos 611.1
    Documentação de sistemas 611.2
Solenidades. Comemorações 910
Subvenções e auxílios 320
Suplementação de verbas 330
Telefones 530
Telégrafo 510
Telex 520
Terrenos 412
Utilização de programas no computador 612
Visitas. Visitantes 930

b) Classificação de assuntos pelo esquema organizado.

1) 150; 2) 920; 3) 813; 4) 940; 5) 010; 6) 031; 7) 212, com remissiva em 520; 8)121; 9) 411.1; 10) 711; 11) 812; 12) 162; 13) 910; 14) 723.1; 15) 920; 16) 930; 17) 611.2; 18) 721; 19) 530; 20) 950.

## 10. MÉTODO CRONOLÓGICO

| DELEGACIA DO MINISTÉRIO DA FAZENDA<br>Serviço de Inativos e Pensionistas Militares || Nº DO PROTOCOLO<br>790 | CÓDIGO DO ASSUNTO<br>150 |
|---|---|---|---|
| | | DATA DE ENTRADA<br>21-5-83 | ESPÉCIE<br>Ofício |
| | | DATA DO DOCUMENTO<br>19-5-83 | Nº DE ORIGEM<br>DMF/SIP. 8.948 |
| PROCEDÊNCIA | São Paulo – SP ||| 
| ASSUNTO | Restitui processo nº 9.720/43 referente à requisição de José Valentim da Rocha Júnior. ||||

| DISTRIBUIÇÃO | DATA | RECEBIDO | DATA |
|---|---|---|---|
| 1ª Dep. Pessoal | 21-5-83 | | |
| 2ª | | | |
| 3ª | | | |
| 4ª | | | |
| 5ª | | | |

FGV - SCM - FICHA DE PROTOCOLO

| INSTITUTO BRASILEIRO DE ADMINISTRAÇÃO | Nº DO PROTOCOLO 1.979 | CÓDIGO DO ASSUNTO 920 |
|---|---|---|
| | DATA DE ENTRADA 29-6-83 | ESPÉCIE Carta |
| PROCEDÊNCIA    Rio de Janeiro – RJ | DATA DO DOCUMENTO 26-6-83 | Nº DE ORIGEM CENTE-C-476/83 |

ASSUNTO

Remete conclusões do Seminário Universidade/Administração Pública, realizado na USP, de 15 a 20 de junho de 1983.

| DISTRIBUIÇÃO | DATA | RECEBIDO | DATA |
|---|---|---|---|
| 1ª DEP | 29-6-83 | | |
| 2ª | | | |
| 3ª | | | |
| 4ª | | | |
| 5ª | | | |

FGV - SCM - FICHA DE PROTOCOLO

| DELEGACIA DO MINISTÉRIO DA FAZENDA | 3.568 | 813 |
|---|---|---|
| | Nº DO PROTOCOLO | CÓDIGO DO ASSUNTO |
| | 31-8-83 | Ofício |
| | DATA DE ENTRADA | ESPÉCIE |
| PROCEDÊNCIA  São Paulo – SP | 28-8-83 | DMF/DpD/15.435 |
| | DATA DO DOCUMENTO | Nº DE ORIGEM |

ASSUNTO

Solicita assistência técnica para organização de seus arquivos, colocando à disposição daquela Delegacia um arquivista, pelo período de um mês.

| DISTRIBUIÇÃO | DATA | RECEBIDO | DATA |
|---|---|---|---|
| 1ª DpD | 31-8-83 | | |
| 2ª | | | |
| 3ª | | | |
| 4ª | | | |
| 5ª | | | |

FGV - SCM - FICHA DE PROTOCOLO

| MUSEU HISTÓRICO NACIONAL | 4.028 | 940 |
|---|---|---|
| | Nº DO PROTOCOLO | CÓDIGO DO ASSUNTO |
| | 4-9-83 | ESPÉCIE   Ofício |
| | DATA DE ENTRADA | |
| | 31-8-83 | 971 |
| | DATA DO DOCUMENTO | Nº DE ORIGEM |

PROCEDÊNCIA   Rio de Janeiro – RJ

ASSUNTO

José Augusto Gomes da Silva comunica sua posse no cargo de diretor do Museu Histórico Nacional.

| DISTRIBUIÇÃO | DATA | RECEBIDO | DATA |
|---|---|---|---|
| 1ª SA | 4-9-83 | | |
| 2ª | | | |
| 3ª | | | |
| 4ª | | | |
| 5ª | | | |

FGV - SCM - FICHA DE PROTOCOLO

| UNIVERSIDADE FEDERAL DE SANTA MARIA | 5.829 | 920 |
|---|---|---|
| Pró-Reitoria de Extensão Universitária | Nº DO PROTOCOLO | CÓDIGO DO ASSUNTO |
| | 9-10-83 | Ofício |
| | DATA DE ENTRADA | ESPÉCIE |
| PROCEDÊNCIA    Santa Maria — RS | 5-10-83 | 900/83 |
| | DATA DO DOCUMENTO | Nº DE ORIGEM |

ASSUNTO

Agradece colaboração de Ignez Felipe e Elizabeth Baptista de Oliveira no Seminário de Arquivo promovido por aquela Universidade.

| DISTRIBUIÇÃO | DATA | RECEBIDO | DATA |
|---|---|---|---|
| 1ª  DpD | 9-10-83 | | |
| 2ª | | | |
| 3ª | | | |
| 4ª | | | |
| 5ª | | | |

FGV - SCM - FICHA DE PROTOCOLO

## FICHA DE PROCEDÊNCIA

| PROCEDÊNCIA: DELEGACIA DO MINISTÉRIO DA FAZENDA ↓ | | | |
|---|---|---|---|
| Documento | | ASSUNTO | Nº Protocolo |
| Esp. e nº | Data | | |
| Of. DMF/ SIP/8.948 | 19-5-83 | Restitui processo referente à requisição de José Valentim da Rocha Júnior | 790 |
| Of. DMF/DpD/ 15.435 | 28-8-83 | Solicita assistência técnica de um arquivista | 3.568 |

## FICHA DE PROCEDÊNCIA

PROCEDÊNCIA: INSTITUTO BRASILEIRO DE ADMINISTRAÇÃO

| Documento | | ASSUNTO | Nº Protocolo |
|---|---|---|---|
| Esp. e nº | Data | | |
| Carta-CENTE C-476 | 26-6-83 | Remete conclusões do Seminário Universidade/Administração Pública | 1.979 |

## FICHA DE PROCEDÊNCIA

| PROCEDÊNCIA: MUSEU HISTÓRICO NACIONAL | | | |
|---|---|---|---|
| Documento | | ASSUNTO | Nº Protocolo |
| Esp. e nº | Data | | |
| Of. 971 | 31-8-83 | Comunicação de posse do diretor | 4.028 |

## FICHA DE PROCEDÊNCIA

| PROCEDÊNCIA: UNIVERSIDADE FEDERAL DE SANTA MARIA | | | |
|---|---|---|---|
| | Nº Protocolo | | 5.829 |
| | ASSUNTO | | Agradece participação de servidores da Secretaria no Seminário de Arquivo, promovido pela Universidade |
| | Documento | | |
| | Esp. e nº | Data | |
| | Of. 900 | 5-10-83 | |

FICHA DE ASSUNTO

| CÓDIGO: 150 | ASSUNTO: REQUISIÇÃO DE FUNCIONÁRIOS | |
|---|---|---|
| Documento | PROCEDÊNCIA | Nº Protocolo |
| Esp. e nº | Data | | |
| | | | 790 |
| Of.DMF/SIP/ 8.948 | 19-5-83 | Delegacia do Ministério da Fazenda — Serv. Inativos e Pensões Militares | |

## FICHA DE ASSUNTO

| CÓDIGO: 813 ↙ | ASSUNTO: CESSÃO DE FUNCIONÁRIOS PARA PARTICIPAR DE TRABALHOS TÉCNICOS EM OUTRAS INSTITUIÇÕES | |
|---|---|---|
| | | Nº Protocolo |
| | PROCEDÊNCIA | 3.568 |
| | Delegacia do Ministério da Fazenda — Departamento de Documentação | |
| Documento | | |
| Esp. e nº | Data | |
| Of.DMF/DpO/ 15.435 | 28-8-83 | |

## FICHA DE ASSUNTO

| CÓDIGO: 920 ↙ | ASSUNTO: CONGRESSOS, CONFERÊNCIAS, SEMINÁRIOS | |
|---|---|---|
| Documento | PROCEDÊNCIA | Nº Protocolo |
| Esp. e nº | Data | | |
| Carta-CENTE C-476 | 26-6-83 | Instituto Brasileiro de Administração | 1.979 |
| Of. 900 | 5-10-83 | Universidade Federal de Santa Maria — Pró-Reitoria de Extensão Universitária | 5.829 |

## FICHA DE ASSUNTO

| CÓDIGO: 940 ↙ | ASSUNTO: COMUNICAÇÕES DE POSSE | | |
|---|---|---|---|
| | | Nº Protocolo | 4.028 |
| | PROCEDÊNCIA | Museu Histórico Nacional | |
| | Documento | Data | 31-8-83 |
| | | Esp. e nº | Of. 971 |

RESPOSTAS

## 11. MÉTODO VARIADEX

a) Codificação de nomes.

| NOMES | CODIFICAÇÃO (cores) |
|---|---|
| Ana Lucia Gomes de Castilhos | ouro |
| Andréa Botelho Lopes Coimbra | azul |
| Angela Nascimento dos Santos | ouro |
| Beatriz Pedroza Aguinaga | rosa |
| C. Catram & Cia. Ltda. | ouro |
| Claudia Maria de Andrade Leopoldina | rosa |
| Elizabeth Trisuzzi Costa | azul |
| Janete Hideko Hagiwara | ouro |
| Marcia Rodrigues Loureiro | azul |
| Maria da Glória Arantes Kopke | azul |
| Maria Helena Costa Pereira de Lyra | palha |
| Maria Lemos Barbosa Teixeira | rosa |
| Maria Ignez Ferreira Jaeger | ouro |
| Maria Rita de Carvalho | ouro |
| Moysés Cohen | azul |
| Paulo Roberto Elian dos Santos | ouro |
| Regina da Luz Moreira | azul |
| Rogério Machado Riscado | verde |
| Rosimary Cabral da Silva | verde |
| Sonia Maria da Rocha Abreu | ouro |
| Virgínia Maria Spinelli Hottz | azul |
| Zilda Rodrigues de Souza | azul |

b) Ordenação de nomes, inscritos em pastas, tiras de inserção ou fichas, nas cores indicadas.

A — Abreu, Sonia Maria da Rocha (ouro)
     Aguinaga, Beatriz Pedroza (rosa)

C — C. Catram & Cia. Ltda. (ouro)
     Carvalho, Maria Rita de (ouro)
     Castilhos, Ana Lucia Gomes de (ouro)
     Cohen, Moysés (azul)

Coimbra, André Botelho Lopes (azul)
Costa, Elizabeth Trisuzzi (azul)
H — Hagiwara, Janete Hideko (ouro)
Hottz, Virgínia Maria Spinelli (azul)
J — Jaeger, Maria Ignez Ferreira (ouro)
K — Kopke, Maria da Glória Arantes (azul)
L — Leopoldina, Claudia Maria de Andrade (rosa)
Loureiro, Marcia Rodrigues (azul)
Lyra, Maria Helena Costa Pereira (palha)
M — Moreira, Regina da Luz (azul)
R — Riscado, Rogério Machado (verde)
S — Santos, Angela Nascimento dos (ouro)
Santos, Paulo Roberto Elian dos (ouro)
Silva, Rosimary Cabral da (verde)
Souza, Zilda Rodrigues de (azul)
T — Teixeira, Maria Lemos Barbosa (rosa)

## 12. MÉTODO ALFANUMÉRICO

a) Codificação dos nomes.

| | |
|---|---|
| Álvaro Pinto da Silva | 68 |
| Áurea Parente da Fonseca | 24 |
| Beatriz Aparecida Boselli Braga | 6 |
| Denir Léa do Patrocínio | 54 |
| Edelweiss Carvalho Bernates | 5 |
| Erilza Galvão dos Santos | 68 |
| Ivani Beltrami de Faria | 23 |
| Maria Alice de Azevedo Andrade | 3 |
| Maria de Fátima Sánchez Alvarez | 2 |
| Maria de Fátima Vieira Lopes | 40 |
| Maria Isabel Rodrigues Pequeno | 54 |
| Maria Leonilda Bernardo da Silva | 68 |
| Maria Thereza Chermont de M. Vaz | 84 |
| Maria Schaetzle Braga | 6 |
| Marise Maleck de O. Cabral | 7 |
| Marlene da Costa Barros | 5 |
| Rejane Araujo Benning | 5 |

| | |
|---|---:|
| Solange Loureiro Teixeira | 74 |
| Sonia Maria Martins | 43 |
| Valéria Faria de Oliveira | 51 |
| Vera Lúcia Ferreira Bellardi | 5 |

b) Ordenação dos nomes.

 2 — Alvarez, Maria de Fátima Sánchez
 3 — Andrade, Maria Alice de Azevedo
 5 — Barros, Marlene da Costa
 5 — Bellardi, Vera Lúcia Ferreira
 5 — Benning, Rejane Araujo
 5 — Bernates, Edelweiss Carvalho
 6 — Braga, Beatriz Aparecida Boselli
 6 — Braga, Maria Schaetzle
 7 — Cabral, Marise Maleck de O.
23 — Faria, Ivani Beltrami
24 — Fonseca, Áurea Parente
40 — Lopes, Maria de Fátima Vieira
43 — Martins, Sonia Maria
51 — Oliveira, Valéria Faria de
54 — Patrocínio, Denir Léa do
54 — Pequeno, Maria Isabel Rodrigues
68 — Santos, Erilza Galvão dos
68 — Silva, Álvaro Pinto da
68 — Silva, Maria Leonilda Bernardo
74 — Teixeira, Solange Loureiro
84 — Vaz, Maria Thereza Chermont de M.

# BIBLIOGRAFIA

## Legislação

Lei nº 5.433, de 8 de maio de 1968, dispõe sobre a microfilmagem de documentos.

Decreto nº 64.398, de 24 de abril de 1969, regulamenta a Lei nº 5.433, de 8 de maio de 1968, que dispõe sobre a microfilmagem de documentos. *Revogado* pelo Decreto nº 1.799, de 30 de janeiro de 1996.

Decreto nº 75.657, de 24 de abril de 1975, cria o Sistema de Serviços Gerais (Sisg) no Dasp.

Decreto nº 79.099, de 6 de janeiro de 1977, dispõe sobre documentos sigilosos. *Revogado* pelo Decreto nº 2.134, de 24 de janeiro de 1997.

Lei nº 6.546, de 4 de julho de 1978, dispõe sobre a regulamentação das profissões de arquivista e técnico de arquivo.

Decreto nº 82.308, de 25 de setembro de 1978, institui o Sistema Nacional de Arquivos. *Revogado* pelo Decreto nº 1.173, de 29 de junho de 1994.

Decreto nº 82.590, de 6 de novembro de 1978, regulamenta a Lei nº 6.546, de 4 de julho de 1978, que dispõe sobre a regulamentação das profissões de arquivista e técnico de arquivo.

Lei nº 8.159, de 8 de janeiro de 1991, dispõe sobre a política nacional de arquivos públicos e privados.

Decreto nº 1.173, de 29 de junho de 1994, dispõe sobre a competência, organização e funcionamento do Conselho Nacional de Arquivos (Conarq) e do Sistema Nacional de Arquivos (Sinar).

Decreto nº 1.799, de 30 de janeiro de 1996, regulamenta a Lei nº 5.433, de 8 de maio de 1968, que regula a microfilmagem de documentos oficiais.

Decreto nº 2.134, de 24 de janeiro de 1997, regula o art. 23 da Lei nº 8.159, de 8 de janeiro de 1991, que dispõe sobre a categoria dos documentos públicos sigilosos e o acesso a eles.

## Livros e periódicos

Achiamé, Fernando A. M. *Guia preliminar.* Vitória, Arquivo Público Estadual, 1981. (Coleção Memória Capixaba, Série Instrumentos de Pesquisa, 1.)

Almeida Prado, Heloisa. *A técnica de arquivar.* 2 ed. São Paulo, Polígono, 1970. 154p. il.

*The American Archivist.* Illinois, Society of American Archivists, 1938- . trim.

*Arquivo & Administração.* Rio de Janeiro. Associação dos Arquivistas Brasileiros, 1972-

Associação dos Arquivistas Holandeses, org. (Haia). *Manual de arranjo e descrição de arquivos.* Trad. Manoel Adolpho Wanderley. 2 ed. Rio de Janeiro, Arquivo Nacional, 1973. 167p.

Associação Brasileira de Normas Técnicas. *Normalização da documentação no Brasil.* 2 ed. Rio de Janeiro, Instituto Brasileiro de Bibliografia e Documentação, 1964. 127p.

Avedom, Don M. Workflow; business process redesign — BPR. *Mundo da Imagem.* São Paulo, Cenadem (1), jan./fev. 1994.

Boullier de Branche, Henri. *Inventário sumário dos documentos da Secretaria de Estado da Marinha.* Rio de Janeiro, Arquivo Nacional, 1960a.

_____. *Relatório sobre o Arquivo Nacional do Brasil.* Rio de Janeiro, Arquivo Nacional, 1960b. 40p.

Brasil. Arquivo Nacional. *Catálogo coletivo dos arquivos brasileiros: repertório referente à Independência do Brasil.* Rio de Janeiro, Arquivo Nacional, 1972. (Instrumentos de trabalho, 24.)

_____. Ministério das Relações Exteriores. Instituto Rio Branco. *Catálogo da coleção Visconde do Rio Branco.* Rio de Janeiro, Ministério das Relações Exteriores, s.d. 2v.

_____. Ministério das Relações Exteriores. Arquivo Histórico. Arquivo particular de Rodrigo de Souza da Silva Pontes. 1967. 41p. mimeog.

Calmes, Alan. Practical realities of computer-based finding aids: the NARS A-1 experience. *The American Archivist,* 42 (2):167-77, Apr. 1979.

Canadá. Arquivo Público. Departamento de Administração de Arquivos Correntes. *Arquivos correntes: organização e funcionamento.* Trad. de Nilza Teixeira Soares. Rio de Janeiro, Arquivo Nacional, 1975. 166p.

Carbone, Salvatore & Guêze, Raoul. *Projet de loi d'archives type: presentation et texte.* Traduit de l'italien par Elizabeth Houriez. Paris, Unesco, 1971. 243p. (Documentation, bibliothèques et archives: études et recherches, 1.)

Centro Interamericano de Pesquisa e Documentação em Formação Profissional. *Curso para o pessoal dos serviços de documentação.* Montevidéu. Curso Cinterfor, 1970. 134p.

Collinson, Robert L. *Índices e indexação.* São Paulo, Polígono, 1971.

Congresso Brasileiro de Arquivologia, 1º. Rio de Janeiro, 1972. Terminologia arquivística. Trabalho elaborado por uma equipe da Associação dos Arquivistas Brasileiros. 9p. mimeog.

Continolo, Giuseppe. *Como organizar o arquivo;* guia prático para classificação de documentos e fichas para a organização dos serviços de arquivo. Lisboa, Pórtico [s.d.] 291p. il. (Direção de empresas.)

Cook, Michael. *Archives and the computer.* London, Butterworths, 1980. 152p.

Costa, Avelino de Jesus da. Princípios gerais da elaboração de instrumentos de trabalho em arquivologia (arquivos públicos e arquivos eclesiásticos). In: Encontro de Bibliotecários e Arquivistas Portugueses, 1º, Coimbra, 1965. *Actas.* Coimbra, 1966.

Dabbs, Jack Autry. *The Mariano Riva Palácio archives: a guide.* México, Jus, 1972.

Damasceno, Darcy & Cunha, Lygia Fonseca Fernandes da. Fontes primárias da história na Seção de Manuscritos da Biblioteca Nacional. Separata de Simpósio Nacional da Anpuh, 7º. *Anais.* São Paulo, 1974.

Dehitt, Ben. Archival uses of computers in the United States and Canada. *The American Archivist,* 42 (2):152-7, Apr. 1979.

Dollar, Charles M. Appraising machine-readable records. *The American Archivist,*
*41*(4):423-30. Oct. 1978.

Duboscq, Guy & Mabbs, A. W. *Organisation du préarchivage.* Paris, Unesco,
1974. 78p. (Documentation, bibliothèques et archives: études et recherches, 5.)

Duchein, Michel. *Les bâtiments et équipements d'archives.* Paris, Conseil International des Archives, 1966. 312p.

_____. Le respect des fonds en archivistique. Principes théoriques et problèmes pratiques. *La Gazette des Archives.* Paris, *27*:71-96, 2 trim. 1977.

_____. Bibliographie internationale fondamentale d'archivistique. *Archivum,*
*25,* 1978.

_____. Características, estructuras y funciones de los archivos históricos. *Arhivos Hoy.* México, *5*(2):17-36, 1981.

Esposel, José Pedro Pinto. Noções prévias para elaboração de um manual de arquivo. Trabalho apresentado em concurso de livre-docência para arquivologia — Departamento de Documentação da Universidade Federal Fluminense. Niterói, fev. 1975.

Favier, Jean. *Les archives.* Paris, Presses Universitaires de France, 1965. 127p.
(Que sais-je? 805.)

Figueiredo, Laura Maia & Cunha, Lélia Galvão Caldas. *Curso de bibliografia geral.* Rio de Janeiro, São Paulo, Record [1967]. 144p.

France. Direction des Archives de France. *Manuel d'archivistique: théorie et pratique des archives publiques en France...* Avant-propos d'Andres Chamson...
Paris, 1970. 805p.

Fundação Casa de Rui Barbosa. Centro de Documentação. Arquivo Histórico.
*Arquivo de Rui Barbosa: repertório da série correspondência geral.* Elaboração de Rosely Curi Rondinelli e Alice Ferry de Moraes. Rio de Janeiro, 1983. 91p.

Fundação Getulio Vargas. Centro de Pesquisa e Documentação de História Contemporânea do Brasil (CPDOC). *Guia dos arquivos CPDOC.* Rio de Janeiro,
1979.

Galvão, Ramiz. *Vocabulário etimológico e prosódico das palavras portuguesas.*
Rio de Janeiro, 1909.

*La Gazette des Archives.* Nouvelle série. Paris, Association des Archivistes Français,
1947- . trim.

González García, Pedro. Los documentos en nuevos soportes. *Boletim do Arquivo.* São Paulo, Divisão de Arquivo do Estado, *1* (1):19-35, dez. 1992.

Guerra, Flavio. *Alguns documentos de arquivos portugueses de interesse para a história de Pernambuco.* Arquivo Nacional da Torre do Tombo/Arquivo Histórico Ultramarino. Recife, Arquivo Público Estadual, 1962.

Gupta, R. C. & Kishore, Raubir. *Preparo e preservação de documentos.* Salvador, Arquivo Público da Bahia [s.d.]. 61p. (Publicações do Arquivo do Estado da Bahia, 4.)

Heredia Herrera, Antonia. La informatica y su aplicación en los archivos administrativos e históricos. In: *Archivística general. Teoría y práctica.* Sevilla, Diputación Provincial, 1991.

Hicherson, H. Thomas; Winters, Joan; Beale, Venetia. *SPINDEX II at Cornell University and a review of archival automation in the United States.* Ithaca, New York, Dept. of Manuscripts & Univ. Archives, Cornell Univ., 1976. 90p.

Jenkinson, Hilary. *A manual of archive administration.* London, Percy Lund, Humphries, 1966.

Knight, G. Norman. *Treinamento em indexação.* Rio de Janeiro, Fundação Getulio Vargas/INDOC, 1974.

Kromnov, Ake. Avaliação de arquivos contemporâneos. Trad. de Maria Amélia Porto Miguéis. *Arquivo & Administração.* Rio de Janeiro, Associação dos Arquivistas Brasileiros, *9* (3):20-8, set./dez. 1981.

Lasso de La Vega & Jimenez Placer, Javier. *Manual de documentación.* Barcelona, Labor, 1969. 829p.

Levron, Jacques & Mady, Jacqueline. *A seleção dos arquivos e a transferência dos documentos.* Trad. de Lêda Boechat Rodrigues e Aída Furtado. Rio de Janeiro, Arquivo Nacional, 1959. 28p.

Lytle, Richard H. An analysis of the work of the National Information Systems Task Force. *The American Archivist,* 47 (4):357-65, Fall 1984.

Machado, Helena Corrêa. Critérios de avaliação de documentos de arquivo. *Arquivo & Administração.* Rio de Janeiro, Associação dos Arquivistas Brasileiros, *9* (3):10-3, set./dez. 1981.

Maher, William J. Administering archival automation: development of in-house systems. *The American Archivist,* 47 (4):405-17, Fall 1984.

*Mensário do Arquivo Nacional.* Rio de Janeiro, Arquivo Nacional, 1970-82.

Miguéis, Maria Amélia Porto. Roteiro para elaboração de instrumentos de pesquisa em arquivos de custódia. *Arquivo & Administração.* Rio de Janeiro,5(2): 7-20, ago. 1976.

Monte-Mór, Jannice de Mello. Automação de arquivos. In: Seminário Tecnologia, Administração e Arquivo. Rio de Janeiro, Associação dos Arquivistas Brasileiros, 1982.

Morelli, Jucy Neiva. *Conheça e aplique a indexação coordenada.* Rio de Janeiro [Associação Brasileira de Bibliotecários] 1968. 24p. (Associação Brasileira de Bibliotecários, Rio de Janeiro. Publicações avulsas, 1.)

Motta, Edson & Salgado, Maria Luiza Guimarães. *O papel, problemas de conservação e restauração.* Petrópolis, Museu de Armas Ferreira da Cunha, 1971. 108p.

Museu Imperial. *Inventário do arquivo Leitão da Cunha, barão de Mamoré.* Petrópolis, Vozes, 1972. (Arquivo Histórico, 1.)

_____. *Inventário analítico do arquivo da Casa Imperial do Brasil, 1807-1816.* Petrópolis, Vozes, 1974. (Arquivo Histórico, 2/2.)

Oliveira, Maria de Lourdes Claro de & Rosa, José Lázaro de Souza. *Teoria e prática de microfilmagem.* Ed. rev. e atual. Rio de Janeiro, Fundação Getulio Vargas/Instituto de Documentação, 1981. 135p.

Pagnocca, Ana Maria Penha Mena & Camargo, Silvia Aparecida Xavier de. *Guia.* Rio Claro, Arquivo Público Histórico do Município de Rio Claro, 1982.

Quesada Zapiola, Carlos A. *Catálogo de la documentación referente a las relaciones diplomáticas entre Estados Unidos de América y la República Argentina, 1810-1830:* existente en el Archivo Nacional de los Estados Unidos de América. Buenos Aires, Arquivo General de la Nación, 1948.

Rangel, Alberto. *Inventário dos documentos do arquivo da Casa Imperial do Brasil...* Rio de Janeiro, Biblioteca Nacional, 1939. 2v.

Rau, Virginia & Silva, Maria Fernanda Gomes da. *Os manuscritos do arquivo da Casa de Cadaval respeitantes ao Brasil.* Coimbra, Universidade de Coimbra, 1955-58. 2v.

Roberach, H.; Buchmann, W. *El progreso en la tecnología y la expansión del acceso.* Washington, 1976. 23p. [Trabalho apresentado ao VIII Congresso Internacional de Arquivos.]

Roper, Michael. PROMPT: the computerized requisitioning system of the United Kingdom Public Record Office at Kew. *International Journal of Archives*, *1*(2):20-9, 1980.

Sahli, Nancy. Finding aids: a multi-media systems perspective. *The American Archivist*, *44*(1):15-20, Winter 1981.

Sambaquy, Lydia de Queiroz. A missão das bibliotecas nacionais. *Revista do Serviço Público*. Rio de Janeiro, *9*(1-3):39-52, abr./jun. 1961.

Schellenberg, T. R. *A avaliação dos documentos públicos modernos*. Trad. de Lêda Boechat Rodrigues. Rio de Janeiro, Arquivo Nacional, 1959a. 56p.

_____. *Manual de arquivos*. Trad. de Manoel A. Wanderley. Rio de Janeiro, Arquivo Nacional, 1959b. 175p.

_____. *Documentos públicos e privados: arranjo e descrição*. Trad. de Manoel A. Wanderley. Rio de Janeiro, Arquivo Nacional, 1963. 344p.

_____. *Arquivos modernos: princípios e técnicas*. Trad. de Nilza Teixeira Soares. Rio de Janeiro, Fundação Getulio Vargas, Serv. de Publicações, 1973. 345p.

Soares, Nilza Teixeira. Avaliação e seleção de documentos de arquivos: problemas e soluções. *Arquivo & Administração*. Rio de Janeiro, Associação dos Arquivistas Brasileiros, *3*(3):7-14, dez. 1975.

Souza, Maria de Lourdes da Costa e. *Apostilhas do Curso de Organização e Administração de Arquivos*. Rio de Janeiro, Dasp, 1950 – "Ponto I".

Stout, Leon J. & Baird, Donald A. Automation in North American college and university archives: a survey. *The American Archivist*, *47*(4):394-404, Fall 1984.

Tanodi, Aurélio. *Manual de archivología hispanoamericana, teorías y princípios*. Córdoba (R.A.), Universidad Nacional de Córdoba, 1961.

USA. National Archives. *O preparo de inventários preliminares*. Rio de Janeiro, Arquivo Nacional, 1959a. 28p.

_____. *Princípios de arranjo*. Rio de Janeiro, Arquivo Nacional, 1959b. 19p.

_____. Library of Congress. MARC Development Office. *Manuscripts: a MARC format*. Washington, 1973.

Valette, Jean-Jacques. *O papel dos arquivos na administração e na política de planificação nos países em desenvolvimento*. Rio de Janeiro, Arquivo Nacional, 1973. 63p.

Weill, Georges. *El valor probatorio de las microformas: um estudio RAMP* (Programa de Gestión de Documentos y Archivos). Paris, Unesco, 1981. 21p.

Zoja, Mário M. *Curso de arquivística e noções de arquivoconomia.* Rio de Janeiro, Rede Ferroviária Federal, Departamento de Pessoal, Setor de Treinamento [1962?]. 113p.

# Índice Analítico

## A

Acesso aos documentos
 política de 146
Administração de arquivos
 *Ver* Arquivos
Álbuns fotográficos
 *Ver* Arquivos especiais
Alfabetação
 regras 63
Alienação de documentos
 *Ver* Eliminação de documentos
Alisamento de documentos 142
Análise de documentos 105
Arquivamento de documentos
 métodos 40, 60
 nos arquivos correntes 60
 nos arquivos especiais 151
 operações 95
 *V. tb.* Métodos de arquivamento
Arquivamento horizontal 28
Arquivamento vertical 28
Arquivista
 características 43
 formação profissional 43
 regulamentação profissional 43
Arquivos
 administração 35
 atuação 17
 características 20
 construção 141
 classificação 20
 definição 19
 designações da palavra 19
 finalidade 20
 funções 20
 na estrutura organizacional 37
 normas de funcionamento 42
 objetivos 16
 organização 35
  análise da dados 36
  implantação e acompanhamento 51
  levantamento de dados 35
  planejamento 36
  origem da palavra 19
  surgimento 15
 *V. tb.* Planejamento arquivístico;
  Proveniência dos arquivos
Arquivos correntes
 arquivamento 60
 atividades 54
 constituição 54
 definição 111
 expedição 60
 protocolo 55
 *V. tb.* Métodos de arquivamento
Arquivos de custódia
 *Ver* Arquivos permanentes
Arquivos especiais
 definição 22, 147
 tipos 148
  arquivo de catálogo impresso 154
  arquivo de disco 153
  arquivo de filme 153
  arquivo de fita magnética 153

arquivo fotográfico 148, 152
arquivo de recorte de jornal 154
V. tb. Doc. audiovisuais;
Doc. cartográficos; Doc. iconográficos
Arquivos especializados
   definição 22, 147
Arquivos gerais 22
Arquivos intermediários
   construção 119
   criação 50, 115
   definição 111
   documentos 119
   em outros países 117
   função 117
Arquivos permanentes
   atividades 121
   criação 50
   definição 111
   documentos 111
   função 121
Arquivos setoriais 22
Arranjo de documentos 122
   regras 124
   V. tb. Fundos de arquivo
Assuntos
   Ver Plano de classificação
Avaliação de documentos 105

## B

Banho de gelatina 143
   V. tb. Restauração de documentos
Bibliotecas
   atuação 17
   objetivos 16
Branche, Boullier de 133
Buck, Solon 19

## C

Catálogo
   Ver Instrumentos de pesquisas
Catálogo impresso
   Ver Arquivos especiais
Centralização de arquivos 37
   V. tb. Descentralização de arquivos
Centros de documentação
   função 17
Centros de informação
   Ver Centros de documentação
Classificação por assuntos 97
   V. tb. Plano de classificação

Classificação de documentos 29
Classificação decimal de Dewey 85
   em arquivos 86
   V. tb. Método decimal; Métodos de arquivamento
Cobrança de documentos 102
Codificação de documentos 100
Collinson, Robert L. 139
Conservação de documentos 141
   elementos ambientais 141
   operações 142
   V. tb. Encapsulação de documentos;
   Laminação de documentos
Consulta aos documentos 101
Coordenação de arquivos 40
Correspondência
   definição 31
   externa 31
   interna 31
   oficial 31
      identificação 31
   particular 31
Costa, Avelino de Jesus da 140

## D

Dabbs, Jack Autry 139
Dados
   análise 36
   levantamento 35
Descarte
   Ver Eliminação de documentos
Descentralização de arquivos 38
   V. tb. Centralização de arquivos
Descrição de documentos 126
Desinfestação de documentos 142
Destinação de documentos 104
Dewey, Melvil 85
Discos
   Ver Arquivos especiais
Documentos
   acesso 146
   alisamento 142
   análise 105
   arquivamento 100
   arranjo 122, 124
   avaliação 105
   classificação 29
   cobrança 102
   codificação 100
   conservação 141
   consulta 101

# ÍNDICE ANALÍTICO

descrição 126
desinfestação 142
destinação 104
eliminação 108, 109
empréstimo 101
encapsulação 144
gênero 29
inspeção 97
laminação 144
leitura 97
limpeza 142
ordenação 100
recolhimento 111
restauração 143
retenção 108
seleção 105
transferência 111
uso 146
valor 105
Documentos audiovisuais 29
*V. tb.* Arquivos especiais
Documentos cartográficos 29
*V. tb.* Arquivos especiais
Documentos confidenciais 30
Documentos escritos
*Ver* Documentos textuais
Documentos iconográficos 29
*V. tb.* Arquivos especiais
Documentos ostensivos 29
Documentos reservados 30
Documentos secretos 30
Documentos sigilosos 29
Documentos textuais 29
*V. tb.* Arquivos especiais
Documentos ultra-secretos 30
Dossiê
formação 99
recibo 102
Duchein, Michel 43
Duplex
*Ver* Métodos de arquivamento

# E

Eliminação de documentos
critérios 109
lista 108
processos 109
*V. tb.* Tabela de temporalidade
Empréstimo de documentos 101
Encapsulação de documentos 144
*V. tb.* Conservação de documentos

Escrita
definição 15
evolução 15
Estudo de documentos
*Ver* Leitura do documento
Expedição
*Ver* Arquivos correntes

# F

Ficha-índice 90
Filmes
*Ver* Arquivos especiais
Fitas magnéticas
*Ver* Arquivos especiais
Formação profissional
*Ver* Arquivista
Fotografias
*Ver* Arquivos especiais
Fumigação de documentos
*Ver* Desinfestação de documentos
Fundos de arquivo
critérios de escolha 123
*V. tb.* Arranjo de documentos

# G

Galvão, Ramiz 19
Gênero dos documentos 29
Gestão de documentos 53
Guarda de documentos 100
Guerra, Flávio 139
Guias
*Ver* Instrumentos de pesquisa
Guias divisórias 44

# I

Indexação coordenada
*Ver* Unitermo
Índice
definição 139
Índice alfabético 88
exemplos 88
Informática 157
Inspeção de documentos 97
Instalações arquivísticas 43
Instrumentos de pesquisa 126
elaboração 140
planejamento 140
tipos 127
catálogo 136
guia 127
inventário analítico 134

inventário sumário   130
repertório   138
Inventário analítico
    *Ver* Instrumentos de pesquisa
Inventário sumário
    *Ver* Instrumentos de pesquisa

## K

Knight, G. Norman   139

## L

Laminação de documentos   144
    manual   144
    *V. tb.* Conservação de documentos
Leitura do documento   97
Limpeza dos documentos   142

## M

Manuais de arquivo   51
Material arquivístico
    de consumo   44
    permanente   48
Métodos de arquivamento   60
    alfabético   62
    alfanumérico   94
    dígito-terminal   76
    geográfico   68
    numérico cronológico   75
    numérico simples   70
    por assunto   77
        decimal   85
        dicionário   81
        duplex   83
        enciclopédico   82
        *V. tb.* Arquivamento de documentos; Arquivos correntes; Classificação decimal de Dewey
        unitermo   89, 149
        variadex   92
Microfilmagem   155
Miguéis, Maria Amélia Porto   126
Museus
    objetivos   16

## N

Negativos
    *Ver* Arquivos especiais
Notação
    definição   44
    símbolos   126

## O

Ordem alfabética
    *Ver* Métodos de arquivamento
Ordem alfanumérica
    *Ver* Métodos de arquivamento
Ordem numérica
    *Ver* Métodos de arquivamento
Ordem por assunto
    *Ver* Métodos de arquivamento
Ordenação dos documentos   100
Ordenação dos itens
    *Ver* Métodos de arquivamento
Organização de arquivos
    *Ver* Arquivos

## P

"Pasta de identificação"   125
Pastas   47
Planejamento arquivístico   36
    *V. tb.* Arquivos; Projeto de arquivo
Plano de classificação   77
    exemplo   79
    *V. tb.* Classificação por assuntos
Princípio básico de arquivologia
    *Ver* Proveniência dos arquivos
Princípio da proveniência
    *Ver* Proveniência dos arquivos
Projeto de arquivo   50
    *V. tb.* Planejamento arquivístico
Protocolo   55
"Provenance"
    *Ver* Proveniência dos arquivos
Proveniência dos arquivos   123
    *V. tb.* Arquivos

## Q

Quesada Zapiola, Carlos A.   137

## R

Rau, Virginia   137, 138
Recibo de dossiê
    *Ver* Dossiê
Recolhimento de documentos   111
Recortes de jornal
    *Ver* Arquivos especiais
Regulamentação profissional
    *Ver* Arquivistas
Repertório
    *Ver* Instrumentos de pesquisa

"Respect des fonds"
   *Ver* Proveniência dos arquivos
Respeito aos fundos
   *Ver* Proveniência dos arquivos
Restauração de documentos 143
   *V. tb.* "Silking"; Banho de gelatina
Retenção de documentos
   critérios 108
Rodrigues, José Honório 133

## S

Schellenberg, T. R. 17
Seleção de documentos 105
"Silking" 143
   *V. tb.* Restauração de documentos
Silva, Maria Fernanda Gomes da 138, 139

## T

Tabela de concordância
   *Ver* Tabela de equivalência
Tabela de equivalência 139
Tabela de temporalidade 106
   *V. tb.* Eliminação de documentos

Taube, Mortimer 89
Tecido na restauração 143
Tecnologia da informação 157
Temporalidade
   *Ver* Tabela de temporalidade
Teoria das três idades 21
Terminologia arquivística 23
Transferência de documentos
   exemplos 112
   tipos 111

## U

Unitermo
   *Ver* Métodos de arquivamento
Uso dos documentos 146

## V

Valette, Jean Jacques 21
Valor dos documentos 105
Variadex
   *Ver* Métodos de arquivamento

Impressão e Acabamento:
GRÁFICA E EDITORA CRUZADO.